Martin K. W. Schweer / Jörg Schulte-Pelkum
Psychologische Grundlagen professionellen Handelns in sozialen Berufen

Martin K. W. Schweer / Jörg Schulte-Pelkum

Psychologische Grundlagen professionellen Handelns in sozialen Berufen

Band 1: Entwicklung und Lernen

Frank & Timme
Verlag für wissenschaftliche Literatur

ISBN 978-3-86596-488-5

Herstellung durch das atelier eilenberger, Taucha bei Leipzig.
Printed in Germany.
Gedruckt auf säurefreiem, alterungsbeständigem Papier.

www.frank-timme.de

Inhaltsverzeichnis

VORWORT

Professionelles Handeln in sozialen Berufen erfordert ein hohes Maß an Kompetenz und Engagement, dies gilt gleichermaßen für den pädagogischen Kontext wie das Feld der sozialen Dienstleistungen. Für den Erfolg der Arbeit sind grundlegende psychologische Kompetenzen unabdingbar. Von daher zielt dieses Lehrbuch darauf ab, der anvisierten Zielgruppe fundamentale Erkenntnisse der entwicklungs- und lernpsychologischen Forschung zu vermitteln; ergänzt wird dieses Werk durch einen zweiten Band mit dem Schwerpunkt auf sozial- und persönlichkeitspsychologischen Aspekten.

Hierbei steht stets der Anwendungsbezug im Mittelpunkt: Es werden den Leserinnen und Lesern bereits im Lehrbuch selbst Möglichkeiten an die Hand gegeben, das Gelesene zu reflektieren und Lernprozesse anzustoßen. So sind zur Einleitung der drei Abschnitte „Psychologie als Wissenschaft", „Entwicklungspsychologie" und „Lernpsychologie" Lernziele formuliert, die zum aktiven „Mitdenken" während der Lektüre verwendet werden können. Zu einzelnen Themenbereichen werden zudem bereits im Text Hinweise zu weiterführender Literatur gegeben. Abbildungen und Beispiele aus der Praxis sollen zu einem besseren Verständnis beitragen. Nach jedem Abschnitt steht schließlich ein Fragenkatalog zur Verfügung, mit dessen Hilfe das Erreichen der Lernziele überprüft werden kann und zu einer Reflexion des Gelesenen angeregt werden soll.

Wir hoffen sehr, den Leserinnen und Lesern mit diesem Buch wichtige Erkenntnisse und Denkanstöße vermitteln zu können. Besonderes danken wir dem gesamten Team des Lehrstuhls für die aktive Unterstützung und die Vorarbeiten im Zuge der Manuskripterstellung.

Vechta, im Sommer 2013
Martin K.W. Schweer und Jörg Schulte-Pelkum

1 Psychologie als Wissenschaft

Lernziele

... die Psychologie als Wissenschaftsdisziplin mit ihren diversen Teildisziplinen zu kennen
... die Bedeutung von übergreifenden Paradigmen als Grundlage wissenschaftlicher Arbeit im historischen Ablauf zu begreifen
... zentrale Paradigmen der Psychologie bewerten zu können
... den Zusammenhang zwischen einer paradigmatischen Verortung und spezifischen Denk- und Handlungsmustern in Theorie, Empirie und Praxis zu erfassen
... wesentliche Grundlagen psychologischer Messungen zu kennen
... diverse Forschungsdesigns und statistische Verfahren in ihren Grundlagen nachvollziehen zu können

Literatur im Überblick

Asendorpf, J.B. & Neyer, F.J. (2012). Psychologie der Persönlichkeit (5. Aufl., Kap. 2: Sechs Paradigmen der Persönlichkeitspsychologie, S. 23-80). Berlin/Heidelberg: Springer.

Birbaumer, N. & Schmidt, R.F. (2006). Biologische Psychologie (6. Aufl.). Heidelberg: Springer.

Gerrig, R.J. & Zimbardo, P.G. (2008). Psychologie (18. Aufl., Kap. 1, Psychologie als Wissenschaft & Kap. 2, Forschungsmethoden der Psychologie, S. 1-64). München: Pearson Studium.

Lohaus, A., Vierhaus, M. & Maass, A. (2010). Entwicklungspsychologie des Kindes- und Jugendalters für Bachelor (Kap. 2: Theorien der Entwicklungspsychologie, S. 10-40). Berlin/Heidelberg: Springer.

Myers, G.D. (2008). Psychologie (2. Aufl., Kap. 1: Kritisch Denken mit wissenschaftlicher Psychologie, S. 17-54). Heidelberg: Springer.

Die wissenschaftliche Psychologie beschäftigt sich mit der Beschreibung, Erklärung und Vorhersage menschlichen Erlebens und Verhaltens. Sie gliedert sich dabei in diverse Teilbereiche (s. 1-1).

Weitere Teilbereiche sind u.a. die Wahrnehmungs-, Kognitions-, Emotions-, Arbeits-, Wirtschafts-, Medien- und Neuropsychologie. Im vorliegenden Band liegt der Fokus auf der Entwicklungspsychologie und der Lernpsychologie, in Band II wird auf die Sozialpsychologie und die Persönlichkeitspsychologie sowie deren jeweilige Relevanz für das Handeln in sozialen Berufen eingegangen.

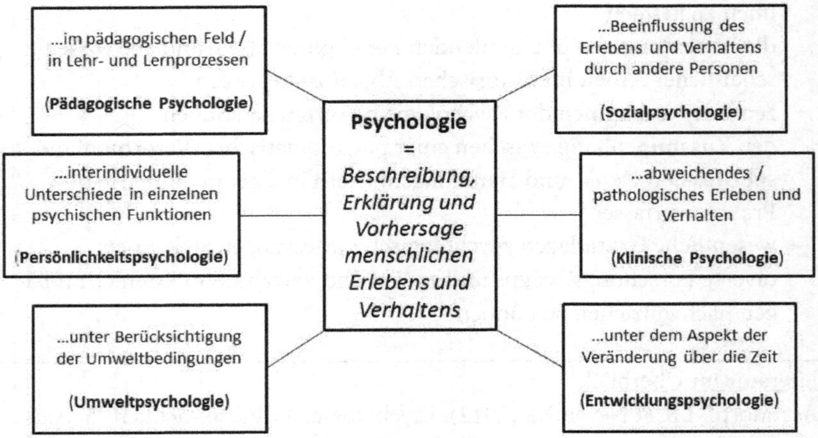

1-1: Psychologie und ausgewählte Teildisziplinen

Mit dem vorliegenden Band werden in kompakter Form ausgewählte psychologische Theorien und Erkenntnisse vorgestellt, die für die alltägliche Praxis in sozialen Berufen von besonderer Bedeutung sind. Lernenden soll auf diese Weise eine solide wissenschaftliche Grundlage zur Planung und Reflexion ihres zukünftigen beruflichen Handelns gegeben werden[1].

1 Dabei wird bewusst nur eine selektive Auswahl von psychologischen Theorien behandelt, die wir in diesem Kontext für besonders relevant erachten; an den entsprechenden Stellen wird auf weiterführende, detailliertere und vollständigere Quellen verwiesen.

1.1 Paradigmen in der Psychologie

Für die Nachvollziehbarkeit psychologischer Theorien ist es in einem ersten Schritt erforderlich, sich auf einer Meta-Ebene mit dem Begriff des Wissenschaftsparadigmas auseinanderzusetzen. Dieser Begriff wurde von dem amerikanischen Wissenschaftstheoretiker und -historiker Thomas Kuhn (1967) geprägt.

> Definition
> „Unter einem Paradigma einer Wissenschaft wird ein Bündel von theoretischen Leitsätzen, Fragestellungen und Methoden zu ihrer Beantwortung verstanden, das das Vorgehen einer größeren Zahl von Wissenschaftlern in einer bestimmten historischen Periode der Wissenschaftsentwicklung charakterisiert" (Asendorpf, 2007, S. 15).

Hinter einem Paradigma verbergen sich somit bestimmte Grundannahmen, die von der Mehrheit in der Wissenschaft akzeptiert sind und nicht hinterfragt werden. Als historisches Beispiel sei hierfür das im Mittelalter vertretene geozentrische Weltbild genannt, also die Annahme, dass die Erde im Zentrum des Sonnensystems liege.

Paradigmen ändern sich durch erwartungswidrige Befunde, also etwa durch Beobachtungen, welche den wichtigen Kernannahmen widersprechen; Kuhn spricht dann von einem Paradigmenwechsel bzw. von einer wissenschaftlichen Revolution. Um auf das historische Beispiel zurückzukommen, wurde das geozentrische Weltbild um 1543 durch den Wissenschaftler Kopernikus in Frage gestellt, der aufgrund seiner astronomischen Beobachtungen zu dem Schluss kam, dass die Sonne im Zentrum unseres Planetensystems stehen müsse - eine damals undenkbare, revolutionäre Annahme, welche das gesellschaftliche und vor allem auch kirchliche Weltbild im Kern erschütterte und entsprechend lange sozial und institutionell unterdrückt wurde.

Ein prominentes Beispiel eines Paradigmenwechsels aus der Psychologie ist die so genannte *kognitive Wende* Anfang der 1970er Jahre, als sich aus den bis dato vorherrschenden behavioristischen Annahmen heraus der Kognitivismus zunehmend verbreitete, also die verstärkte Betonung interner gedanklicher Prozesse, die im Behaviorismus bewusst aus dem Forschungsinteresse ausgeklammert wurden (s. Watson, 1930). Dieser Fall zeigt sehr eindrucksvoll den handlungsleitenden Stellenwert eines Paradigmas für die wissenschaftliche Forschung: Die Behavioristen untersuchten anhand von Reiz-Reaktions-Schemata ausschließlich beobachtbares Verhalten, während kognitivistische Ansätze den Einfluss interner Prozesse fokussierten, die sich zwar einer direkten Beobachtung entziehen, aber dennoch hohe Relevanz für die Steuerung von Verhalten besitzen. Kognitiv orientierte Forscher sehen nun, im Gegensatz zur Auffassung der Behavioristen, diese Prozesse durchaus einer wissenschaftlichen Messung zugänglich. Für die Frage, wie einzelne Phänomene beschrieben und erklärt werden bzw. welche Interventionsstrategien für angemessen erachtet werden, spielt es eine gravierende Rolle, an welchen dieser beiden Paradigmen sich ein konkreter Ansatz orientiert.

Ein weiteres, aktuelles Beispiel stellen die *neuro-reduktionistischen* Ansätze in der Psychologie dar (s. Mausfeld, 2010), sie sind das Ergebnis der technischen Möglichkeiten bildgebender Verfahren wie etwa der fMRT (funktionelle Magnet-Resonanz-Tomographie). Solche Ansätze sehen menschliches Verhalten maßgeblich biologisch determiniert, weshalb sich etwa aggressives oder delinquentes Verhalten vorwiegend auf pathologische Veränderungen im Gehirn zurückführen lasse. Konsequent ausgelegt müsste man einer solchen Sicht folgend u.a. hinterfragen, ob Straftäter überhaupt für ihre Taten verantwortlich gemacht werden können, wenn doch die Verhaltensursache den neurobiologischen Veränderungen im Gehirn zugeschrieben werden, auf die das Individuum keine willentliche Kontrolle hat. Die Aussagen „Neuronen sind nicht böse" und „Ich kann nichts dafür, dass ich kein Bankräuber geworden bin" des bekannten deutschen Psychologen Hans Markowitsch illustrieren diese Position - demnach ist letztendlich die Vorstellung, der Mensch habe einen freien Willen, eine pure Illusion (s. Markowitsch & Siefer, 2007).

Im vorliegenden Band I werden bedeutsame psychologische Theorien aus den Bereichen der Entwicklungspsychologie und der Lernpsychologie vorgestellt, in Band II werden die Bereiche der Persönlichkeitspsychologie und der Sozialpsychologie präsentiert. Kenntnisse zu den Paradigmen, denen diese Theorien jeweils zuzuordnen sind, dienen als grundlegende Voraussetzung für deren Verständnis, Bewertung und Reflexion mit Blick auf das eigene Handeln in der sozialen Praxis (s. 1-2).

Paradigma	Beschreibung
psychoanalytisch	• geht davon aus, dass der Mensch von Trieben gesteuert ist, die befriedigt werden wollen (und sollen)
lerntheoretisch	• geht auf behavioristische Theorien zurück; demnach ist jedes Verhalten erlernt und kann auch wieder verlernt werden, es ist also in hohem Maße umweltabhängig
humanistisch	• sieht den Menschen als von Natur aus gut an; das zentrale Streben jedes Menschen ist die Selbstverwirklichung
kognitiv	• geht von einem aktiv handelnden, denkenden Menschen aus, dessen Verhalten durch kognitive Strukturen gelenkt wird; der Mensch ist ein rationales Wesen
biologisch	• geht davon aus, dass Verhalten vorwiegend durch neurobiologische Prozesse im Gehirn und Nervensystem determiniert ist

1-2: bedeutsame Paradigmen in der Psychologie und deren Kernannahmen

1.2 Grundlagen psychologischer Messungen

Als empirische Wissenschaftsdisziplin verfolgt die Psychologie das Ziel, menschliches Erleben und Verhalten zu beschreiben, zu erklären und vorherzusagen sowie Konzepte für die Modifikation von Erleben und Verhalten zu entwickeln (Gerrig & Zimbardo, 2008). Aus einer Theorie, die sich auf einen spezifischen Phänomenbereich bezieht, werden empirisch überprüfbare Aussagen generiert, sog. *Hypothesen*: So könnte aus der Theorie, dass Menschen durch Nachahmung lernen, die Hypothese abgeleitet werden, der Konsum von Medien mit gewalthaltigen Darstellungen fördere aggressives Verhalten. Um diese Hypothese empirisch prüfen zu können, müssen zunächst die Begriffe „Nachahmung", „Medienkonsum", „gewalthaltige Darstellungen" und „aggressives Verhalten" definiert und messbar gemacht werden.

Für alle empirischen Wissenschaftsdisziplinen gilt, dass die Methoden zur Erkenntnisgewinnung formale Voraussetzungen erfüllen müssen, um wissenschaftlichen Standards und Gütekriterien zu genügen.

Operationalisierung

Um psychologische Konstrukte (wie etwa Intelligenz oder Schüchternheit) messbar machen zu können, muss zunächst einmal festgelegt werden, welche Indikatoren auf ein zugrunde liegendes Konstrukt schließen lassen. Dieser Prozess wird als *Operationalisierung* bezeichnet. Darüber hinaus werden im Zuge dieses Prozesses beobachtbare Kriterien für theoretische Begriffe festgelegt (Schönpflug, 2006). Um also bspw. die Schüchternheit verschiedener Schüler[2] miteinander vergleichen zu können, muss vorab entschieden werden, was überhaupt unter Schüchternheit verstanden wird: die Zurückhaltung in Gesprächen und Interaktionen mit anderen Schülern, die Häufigkeit der Unterrichtsbeteiligung usw. Die jeweiligen Messergebnisse (also etwa die Häufigkeit der Meldungen) werden als Merkmalsausprägungen bezeichnet.

Messung

Empirische Wissenschaften sind darauf angewiesen, Beobachtungen von Phänomenen unter systematischer Beobachtung in Form von Messungen festzuhalten und darauf aufbauend Vergleiche anzustellen. Unter einer Messung wird die systematische Zuordnung von Zahlen zu Merkmalen von Objekten oder Personen verstanden, oder anders ausgedrückt: die systematische Zuordnung von Zahlen zu Ausprägungen einer Variablen. Auf das obige Beispiel von Schüchternheit bezogen könnte ein psychologischer Test zur Messung von Schüchternheit einen bestimmten Indexwert über die Schüchternheit einer Person angeben, dabei würde ein Indexwert von 10 eine höhere Ausprägung von Schüchternheit beschreiben als ein Wert von 6.

Skalenniveaus

In Abhängigkeit davon, welche Eigenschaften eine Variable aufweist, kann diese einem Skalenniveau zugeordnet werden. Insgesamt lassen sich mit Stevens (1946) vier Skalenniveaus hinsichtlich ihrer Komplexität und der damit verbundenen Aussagekraft unterscheiden (s. 1-3). Je nach Skalenniveau sind

2 Im vorliegenden Band wird zur besseren Lesbarkeit die männliche Form verwendet, dies schließt stets die weibliche Form mit ein.

unterschiedliche Transformationen und Rechenoperationen möglich, wobei das nächsthöhere Skalenniveau die Optionen des niedrigeren Skalenniveaus integriert.

Die *Nominalskala* ist das niedrigste Skalenniveau und ordnet den Objekten Zahlen dergestalt zu, dass Objekte mit identischen Merkmalsausprägungen identische Zahlen oder Symbole und Objekte mit verschiedenen Merkmalsausprägungen verschiedene Zahlen bzw. Symbole erhalten. Eine nominal skalierte Variable hat deshalb Ausprägungen, die sich nur daraufhin vergleichen lassen, ob sie bei zwei Merkmalsträgern gleich oder unterschiedlich sind. Beispiele hierfür sind Geschlecht, Nationalität oder Automarken.

Eine *ordinal* skalierte Variable erlaubt darüber hinaus auch Aussagen, ob eine Ausprägung größer oder kleiner bzw. besser oder schlechter ist als eine andere (größer-kleiner-Relationen), wodurch sich die Merkmalsausprägungen in eine Rangfolge bringen lassen. Schulnoten fallen unter dieses Skalenniveau, wenngleich hierbei in der Praxis oftmals fälschlicherweise Intervallskalenniveau unterstellt wird - dies ist unzulässig, da die für Intervallskalen erforderliche Äquidistanz der Skalenpunkte (also gleiche Abstände) nicht gegeben ist.

Die *Intervallskala* ist die wichtigste und am häufigsten verwendete Skala in den empirischen Sozialwissenschaften, sehr viele Objekte erfüllen die Anforderungen dieses Skalentyps, dass nämlich die Skalenpunkte gleichabständig, also äquidistant zueinander sind. Zusätzlich zu den Möglichkeiten auf Nominal- und Ordinalskalenniveau lassen sich bei der Intervallskala somit auch Aussagen über die Größe der Unterschiede zwischen den Merkmalsausprägungen machen. Es lassen sich also Differenzen zwischen verschiedenen Ausprägungen bilden, diese können aber nicht ins Verhältnis zueinander gesetzt werden. Wird etwa die Temperatur in Freiburg und in Kiel in Grad Celsius gemessen und in Freiburg ist es 10°C, in Kiel dagegen nur 5°C warm, so ist es erlaubt, zu sagen, dass es in Freiburg 5°C wärmer ist als in Kiel. Es ist aber nicht zulässig zu sagen, dass es in Freiburg doppelt so warm ist wie in Kiel. Das Verhältnis der Intervalle 0°C bis 10°C (für Freiburg) und 0°C bis 5°C (für Kiel) gibt nicht das Temperaturverhältnis zwischen beiden Städten wieder - die Ausprägung 0°C bedeutet nämlich selbstverständlich nicht, dass das Merkmal der Temperatur nicht vorhanden ist.

Die *Verhältnis-* oder *Rationalskala* ist verglichen mit den bereits genannten Skalen am aussagekräftigsten, jedoch für die empirischen Sozialwissenschaften kaum bedeutsam. Neben den Möglichkeiten auf den drei anderen Skalen lässt sie zudem Aussagen über das Verhältnis von Merkmalsausprägungen zu. Die

Verhältnisskala besitzt einen absoluten Nullpunkt. Dieser Nullpunkt ist an der Stelle lokalisiert, an welcher die Variable aufhört, zu existieren, bspw. bei einer gemessenen Geschwindigkeit eines Objekts von 0 km/h.

Skalenniveau	zulässige Operationen	Statistiken	Beispiele
nominal	• Aussagen über Gleichheit/ Ungleichheit	• Häufigkeit • Modalwert	• Familienstand, • Religionszugehörigkeit • Geschlecht
ordinal	• Aussagen über Rangrelationen (bspw. größer/ kleiner)	• Median • Perzentile • Rangkorrelation	• Schulabschluss • Bundesligatabelle • Schulnoten
intervall	• Vergleichbarkeit der Größe von Differenzen	• arithmetisches Mittel • Stadardabweichung • Produkt-Moment-Korrelation	• IQ-Tests • Jahreszahlen mit angegebenem Sterbe- und Geburtsjahr
rational	• Aussagen über Verhältnisse	• alle gebräuchlichen statistischen Operationen	• räumliche Distanz • Gewicht • Geschwindigkeit

1-3: Skalenniveaus (in Anlehnung an Stevens, 1946)

Testgütekriterien

Um die Qualität eines Messinstruments zu beurteilen, werden in der Psychologie und den Sozialwissenschaften verschiedene Testgütekriterien herangezogen. Mit Kubinger, Rasch & Yanagida (2011) lassen sich insgesamt zehn Kriterien unterscheiden, wobei drei von ihnen als Hauptgütekriterien und die anderen als Nebengütekriterien bezeichnet werden. Die Hauptgütekriterien sind die Objektivität, die Reliabilität und die Validität. Die Nebengütekriterien der psychologischen Messung sind Skalierung, Normierung, Testökonomie, Nützlichkeit, Zumutbarkeit, Unverfälschbarkeit sowie Fairness. Nachfolgend wird auf die Hauptgütekriterien eingegangen.

Objektivität

Bei der Objektivität eines Messinstrumentes geht es insbes. darum, dass die Messung unabhängig von der anwendenden Person stets zum gleichen Ergebnis kommt, sich also unabhängig vom Testleiter darstellt. Genügt ein Test diesem Anspruch, würden verschiedene Testleiter bei ein und derselben Testperson stets zum gleichen Ergebnis kommen. Die Objektivität eines Tests bezieht sich auf drei verschiedene Bereiche: Unter *Durchführungsobjektivität* versteht der Psychologe die Unabhängigkeit einer Messung von Verhaltensaspekten des Testleiters während der Testung. Eine geringe Durchführungsobjektivität würde vorliegen, wenn der Testleiter eines IQ-Tests selbstständig entscheiden könnte, in welcher Zeit der Test zu bearbeiten ist. Um dieser Fehlerquelle vorzubeugen, werden die Bedingungen eines Tests durch spezifische Anweisungen in standardisierter Form festgelegt. Hierbei wird u.a. angegeben, welche Hilfsmittel während des Tests erlaubt sind, wie lange der Test dauert oder auch welche Erläuterungen der Testleiter den zu testenden Probanden geben muss. Bei Letzterem muss stets darauf geachtet werden, dass die Erläuterungen so eindeutig sind, dass sie Rückfragen an den Testleiter überflüssig machen.

Auswertungsobjektivität ist gegeben, wenn unterschiedliche Auswertende bei einem Probanden stets zu dem gleichen Testergebnis kommen. Hierfür wird in der Testanweisung genau definiert, wie eine konkrete Antwort zu werten ist.

Die Frage der *Interpretationsobjektivität* betrifft die Bewertung des Testergebnisses. Sie gibt somit an, ob verschiedene Anwender bei dem gleichen Ergebnis auch zu gleichen Schlussfolgerungen kommen. Eine geringe Interpretationsobjektivität würde vorliegen, wenn ein Testleiter bei einem Wert K im IQ-Test als durchschnittlich, ein anderer den gleichen Wert hingegen als überdurchschnittlich intelligent interpretieren würde. Um dies zu vermeiden, werden für Tests Standardisierungen und Normierungen vorgenommen, anhand derer ein Testleiter das Ergebnis interpretieren soll.

Reliabilität

Das Gütekriterium der Reliabilität umfasst die Messgenauigkeit eines Tests, inwieweit also ein Test das zu messende Merkmal ohne Fehler misst. Bei der Bewertung der Reliabilität ist zunächst einmal vernachlässigbar, ob ein Test auch wirklich das zu messende Kriterium erfasst. Um die Reliabilität eines Tests zu ermitteln, gibt es die Möglichkeit der Testwiederholung (Retest-Reliabilität), des Paralleltests (Paralleltest-Reliabilität) und der Testhalbierung (Testhalbierungs-Reliabilität). Unter *Retest-Reliabilität* wird der wiederholte Einsatz eines Messinstrumentes an der gleichen Stichprobe verstanden; für die Höhe der Retest-Reliabilität wird die Korrelation der beiden Testergebnisse ermittelt. Bei der *Paralleltest-Methode* werden zwei vergleichbare Messinstrumente verwendet, um anschließend mittels Korrelationsanalyse beider Testergebnisse die Zuverlässigkeit zu erfassen. Diese Methode hat den Vorteil, dass im Gegensatz zur Retest-Reliabilität Übungs- und Erinnerungseffekte ausgeschlossen werden können. Wenn die beiden vorgenannten Methoden bspw. aus zeitlichen Gründen oder aufgrund eines begrenzten Itempools nicht realisierbar sind, kann zudem das Verfahren der *Testhalbierung* angewandt werden. Hierbei wird das Messinstrument in zwei Hälften aufgeteilt und für jede der beiden Hälften ein Testwert ermittelt. Durch Korrelation beider Werte kann sodann eine Aussage über die Reliabilität getroffen werden.

Validität

Unter Validität wird verstandenen, inwiefern ein Test das Merkmal misst, das er zu messen vorgibt. Insofern stellt die Validität wohl das wichtigste Gütekriterium eines Tests dar - denn wenn ein Test nicht misst, was er messen soll, ist es auch unerheblich, ob er dies reliabel und objektiv tut (Renner, Heydasch & Ströhlein, 2012). Es werden nunmehr als drei Formen die Inhalts-, die Kriteriums- sowie die Konstruktvalidität voneinander unterschieden. Die *Inhaltsvalidität* richtet ihr Augenmerk darauf, ob das Messinstrument oder ein Item des Messinstrumentes das zu messende Konstrukt repräsentativ erfasst. Soll etwa das Ausmaß der Schüchternheit einer Person ermittelt werden, ist ein Messinstrument mit Items zur Aggression augenscheinlich wenig valide. Um die Validität eines Tests zu beurteilen, werden oftmals Experten herangezogen, welche das einzelne Item bzw. das Messinstrument in Gänze bewerten. *Kriteriumsvalidität* liegt vor, wenn die Ergebnisse des Messinstruments an einem anderen empirischen Kriterium abgesichert werden können. Sie ist also gegeben, wenn ein Testergebnis und das Verhalten einer Testperson außerhalb der

Testsituation übereinstimmen. Ein Messinstrument zu aggressivem Verhalten ist demnach valide, wenn sich Probanden mit niedrigen Werten in einer definierten Situation weniger aggressiv verhalten als Probanden mit hohen Werten. Allerdings sind sowohl die Inhaltsvalidität als auch die Kriteriumsvalidität häufig wenig aussagekräftig bzw. anwendbar (s. u.a. Schnell, Hill & Esser, 2011), weshalb zur Bestimmung der Validität oftmals auf die *Konstruktvalidität* zurückgegriffen wird. Diese ermöglicht es, die Testergebnisse durch die Formulierung neuer Hypothesen oder das Heranziehen vorhandener Hypothesen zu überprüfen. Dabei wird u.a. ein Fokus auf die Frage gerichtet, ob ein Messinstrument dazu geeignet ist, neue Theorien zu generieren.

1.3 Forschungsmethoden der Psychologie

<u>Literatur im Überblick</u>

Bortz, J. & Döring, N. (2006). Forschungsmethoden und Evaluation für Human- und Sozialwissenschaftler (4. Aufl., S. 1-94). Heidelberg: Springer.

Hussy, W., Schreier, M. & Echterhoff, G. (2013). Forschungsmethoden in Psychologie und Sozialwissenschaften (2. Aufl., Kap. 1-3, S. 1-164). Berlin/Heidelberg: Springer.

Renner, K.-H., Heydasch, T. & Ströhlein, G. (2012). Forschungsmethoden der Psychologie. Von der Fragestellung zur Präsentation. Wiesbaden: Springer VS.

Sedlmeier, P. & Renkewitz, F. (2008). Forschungsmethoden und Statistik in der Psychologie (Teil I: Grundlagen und Konzepte, S. 1-180). München: Pearson Studium.

Experiment und Quasi-Experiment

In den empirischen Wissenschaften gilt das Experiment als die Methode der Wahl zur Erkenntnisgewinnung, als der „Königsweg". In einem Experiment wird unter kontrollierten Laborbedingungen die Wirkung einer *unabhängigen Variable* (bspw. Einnahme Medikament A versus Medikament B), die vom Experimentator variiert wird, auf eine *abhängige Variable* (bspw. Lernleistung in einem Gedächtnistest) untersucht, um auf diese Weise Aussagen über Ursache-Wirkungs-Zusammenhänge herleiten zu können. Dazu ist es notwendig, mögliche störende Umwelteinflüsse so weit zu kontrollieren, dass die Ergebnisse tatsächlich Rückschlüsse auf Ursache und Wirkung erlauben. In diesem Zusammenhang spielt die Randomisierung eine wichtige Rolle, also die zufällige Zuweisung der Testpersonen zu den verschiedenen Experimentalbedingungen. Durch die notwendige Kontrolle von Störvariablen sind die experimentellen Laborbedingungen sehr reduziert, künstlich und relativ weit entfernt von den realen Lebensbedingungen im Alltag, womit sich die Frage der Übertragbarkeit der Ergebnisse stellt. Ein weiteres Problem ist die Frage nach der ethischen Vertretbarkeit bestimmter experimenteller Manipulationen von Bedingungen, etwa im Zuge der Entwicklungspsychologie: Um nämlich experimentell nachweisen zu können, dass sich Bedingung A (bspw. Reizarmut) im Gegensatz zur Bedingung B (bspw. normale Reizstimulierung) nachteilig auf die kognitive Entwicklung eines Säuglings auswirkt, müssten einige Säuglinge dieser nachteiligen Bedingung über lange Zeit ausgesetzt werden - eine nach heutigen ethischen Standards für Humanexperimente sicherlich nicht vertretbare Forderung.

Ein Weg, diese Probleme zumindest abzumildern, ist der quasi-experimentelle Ansatz, hierbei wird die experimentelle Variation im mehr oder weniger alltäglichen Kontext durchgeführt. So werden etwa Lehrmethode A und Lehrmethode B in jeweils parallelen Klassen durchgeführt und deren Wirksamkeit mit Leistungstests bei den Lernenden verglichen. Auf diese Weise kann im natürlichen Kontext, also in regulären Schulklassen, die Wirksamkeit der Lehrmethoden getestet werden. Ungeachtet dessen ist prinzipiell denkbar, dass sich die pädagogische Kompetenz der Lehrkräfte der einzelnen Klassen stark unterscheidet, sodass die Wirksamkeit der Lehrmethoden überdeckt wird - dies wäre eine nicht kontrollierbare Störvariable, die auch durch Randomisierung nur schwer in den Griff zu bekommen ist. Darüber hinaus müsste das jeweilige Leistungsniveau der Lernenden vor Einführung der neuen Lehrmethoden berücksichtigt werden, um anhand des Lernzuwachses tatsächlich auf die Effektivität einer Lehrmethode schließen zu können.

Korrelationsstudien

Da die Einsatzmöglichkeiten experimenteller Designs in einigen Bereichen der Psychologie aus praktischen und ethischen Gründen eingeschränkt sind, baut der Großteil von entwicklungspsychologischen Studien auf Korrelationsstudien auf. Bei diesen wird das Ausmaß des Zusammenhangs von zwei oder mehreren Variablen im natürlichen Kontext (d.h. unter Alltagsbedingungen) ermittelt, ohne dass eine vom Versuchsleiter induzierte experimentelle Variation von Bedingungen erfolgt. So könnte man etwa versuchen, die Leseleistung eines Grundschulkindes vorherzusagen anhand der im Haushalt vorhandenen altersgerechten Bücher bzw. anhand der durchschnittlichen Zeit pro Woche, welche die Eltern gemeinsam mit dem Kind mit Lesen verbringen. Wird ein empirischer Zusammenhang in Form einer signifikanten Korrelation beobachtet, sind jedoch Rückschlüsse auf Kausalverursachung von beobachteten Zusammenhängen nicht möglich. Trotz dieser Einschränkung ist dies eine wichtige und oft eingesetzte Methode in verschiedenen psychologischen Teildisziplinen, etwa der Sozial-, Persönlichkeits- und Entwicklungspsychologie, ebenso wie in angewandten Teildisziplinen wie der Arbeits- und Wirtschaftspsychologie, dort könnte z.B. von Interesse sein, ob es einen Zusammenhang gibt zwischen Typen von Führungsstilen im Unternehmen, der Arbeitszufriedenheit der Mitarbeiter und dem wirtschaftlichen Erfolg.

Reflexionsfragen

- Womit beschäftigt sich die wissenschaftliche Psychologie? Welche Teildisziplinen gibt es?
- Erläutern Sie die Grundbegriffe psychologischer Messungen „Operationalisierung", „Messung", „Skalenniveaus".
- Finden Sie Beispiele für nominal-, ordinal- und intervallskalierte Messvariablen.
- Warum spielt die Verhältnisskala kaum eine Rolle in sozialwissenschaftlichen Untersuchungen?
- Was versteht man unter den Testgütekriterien (Objektivität, Validität, Reliabilität)?
- Welche Methoden zur Einschätzung der Reliabilität eines Messinstruments kennen Sie?
- Welche Arten von Validität lassen sich unterscheiden?
- Wie lässt sich die Validität eines Messinstruments beurteilen?
- Was ist ein wissenschaftliches Experiment? Inwiefern unterscheidet es sich von einem Quasi-Experiment?
- Was sind Korrelationsstudien?
- Nennen Sie die Vor- und Nachteile von Laborexperimenten, Quasi-Experimenten und Korrelationsstudien.

1.4 Übungsaufgaben zur Selbstkontrolle

Bei jeder Aufgabe können eine, zwei, drei oder auch alle vier angegebenen Antwortmöglichkeiten zutreffen. Bei einigen Fragen werden Sie bewusst in der jeweils angegebenen Literatur recherchieren müssen, um zu vollständig richtigen Antworten zu gelangen.

Psychologie als Wissenschaft

1.1 Psychologie als Wissenschaft befasst sich vorwiegend mit …

- ❐ … der Beschreibung, Erklärung und Vorhersage menschlichen Erlebens und Verhaltens.
- ❐ … der subjektiven Erforschung des Bewusstseins im Sinne des Strukturalismus.
- ❐ … der objektiv überprüfbaren empirischen Erforschung von Verhalten und Erleben.
- ❐ … der neuro-reduktionistischen Erklärung von menschlichem Verhalten.

Paradigmen der Psychologie

1.2 Nennen Sie zu den folgenden Aussagen das jeweils zugehörige Paradigma der Psychologie.

Aussage	**Paradigma**
Das zentrale Streben jedes Menschen ist die Selbstverwirklichung.	
Der Mensch ist vor allem ein rational handelndes Wesen.	
Der Mensch wird von Trieben gesteuert, die befriedigt werden wollen (und sollen).	

Aussage	Paradigma
Menschliches Verhalten ist vorwiegend durch neuronale Prozesse biologisch determiniert.	
Das menschliche Verhalten ist in hohem Maße umweltgesteuert, Verhalten wird durch Umwelteinflüsse gelernt und kann wieder verlernt werden.	

Forschungsmethoden der Psychologie

1.3 Ordnen Sie die Gütekriterien Objektivität, Reliabilität und Validität den nachstehenden Aussagen zu:

- Ausmaß, in dem ein Test misst, was ein Forscher zu messen beabsichtigt: ______________________
- Ausmaß, in dem man sich auf die Zuverlässigkeit von Ergebnissen verlassen kann: ______________________
- Ausmaß, in welchem das Ergebnis einer Messung nicht durch den Versuchsleiter beeinflusst wird: ______________________

1.4 Ordnen Sie den verschiedenen Untersuchungsarten die korrekte Aussage zu: (1) Rückschlüsse auf Kausalverursachung möglich, (2) Rückschlüsse auf Kausalverursachung bedingt möglich, (3) keine Rückschlüsse auf Kausalverursachung möglich:

- Korrelationsstudie ______________________
- Laborexperiment______________________
- Quasi-Experiment ______________________

1.5 Welche formalen Voraussetzungen müssen für eine intervallskalierte Messung einer psychologischen Variablen erfüllt sein?

- ☐ Äquidistanz der Skalenpunkte
- ☐ Definition eines absoluten Nullpunktes
- ☐ eine auf der Messskala abbildbare Operationalisierung des Konstrukts
- ☐ Konstruktvalidität

1.5 Literatur

Asendorpf, J. (2007). Psychologie der Persönlichkeit (4. Aufl.). Heidelberg: Springer.

Asendorpf, J.B. & Neyer, F.J. (2012). Psychologie der Persönlichkeit (5. Aufl.). Berlin/Heidelberg: Springer.

Birbaumer, N. & Schmidt, R.F. (2006). Biologische Psychologie (6. Aufl.). Heidelberg: Springer.

Bortz, J. & Döring, N. (2006). Forschungsmethoden und Evaluation für Human- und Sozialwissenschaftler (4. Aufl.). Heidelberg: Springer.

Gerrig, R. J. & Zimbardo, P. G. (2008). Psychologie (18. Aufl.). München: Pearson Studium.

Hussy, W., Schreier, M. & Echterhoff, G. (2013). Forschungsmethoden in Psychologie und Sozialwissenschaften (2. Aufl.). Berlin/Heidelberg: Springer.

Kubinger, K.D., Rasch, D. & Yanagida, T. (2011). Statistik in der Psychologie: Vom Einführungskurs bis zur Dissertation. Göttingen: Hogrefe.

Kuhn, T.S. (1967). Die Struktur wissenschaftlicher Revolutionen. Frankfurt a. M.: Suhrkamp.

Lohaus, A., Vierhaus, M. & Maass, A. (2010). Entwicklungspsychologie des Kindes- und Jugendalters für Bachelor. Berlin/Heidelberg: Springer.

Markowitsch, H.J. & Siefer, W. (2007). Tatort Gehirn. Auf der Suche nach dem Ursprung des Verbrechens. Frankfurt a. M.: Campus.

Mausfeld, R. (2010). Psychologie, Biologie, kognitive Neurowissenschaften. Zur gegenwärtigen Dominanz neuroreduktionistischer Positionen und zu ihren stillschweigenden Grundannahmen. Psychologische Rundschau, 61(4), 180-190.
Myers, D.G. (2008). Psychologie (2. Aufl.). Heidelberg: Springer.
Renner, K.-H., Heydasch, T. & Ströhlein, G. (2012). Forschungsmethoden der Psychologie. Wiesbaden: Springer VS.
Schnell, R., Hill, P.B. & Esser, E. (2011). Methoden der empirischen Sozialforschung (9. Aufl.). München: Oldenbourg.
Schönpflug, W. (2006). Einführung in die Psychologie. Weinheim: Beltz PVU.
Sedlmeier, P. & Renkewitz, F. (2008). Forschungsmethoden und Statistik in der Psychologie. München: Pearson Studium.
Stevens, S.S. (1946). On the theory of scales of measurement. Science, 103 (2684), 677-680.
Watson, J.B. (1930). Behaviorism (rev. ed.). New York: Norton.

2 Entwicklungspsychologie

Lernziele

... die Bedeutung von Entwicklungsprozessen für die Erklärung individuellen Erlebens und Verhaltens zu begreifen

... zentrale Elemente einzelner Entwicklungsmodelle sowie deren jeweilige Gemeinsamkeiten und Unterschiede zu verstehen und diese zur Erklärung relevanter Entwicklungsfragen heranziehen zu können

... die methodischen Herangehensweisen zur Erfassung von Entwicklungsprozessen zu verstehen sowie deren Vor- und Nachteile beurteilen zu können

... die relevanten Aufgaben in den verschiedenen Entwicklungsstadien zur Erklärung von Entwicklungsverläufen und möglichen Entwicklungsverzögerungen für die praktische Arbeit berücksichtigen zu können

2.1 Methoden der Entwicklungspsychologie

<u>Literatur im Überblick</u>

Berk, L.E. (2011). Entwicklungspsychologie (5. Aufl., Kap. 1.8: Entwicklung als Forschungsgegenstand, S. 31-46). München: Pearson Studium.

Schneider, W. & Lindenberger, U. (Hrsg.). (2012). Entwicklungspsychologie (7. Aufl., Kap. 1: Fragen, Konzepte, Perspektiven, S. 27-60 & Kap. 4: Methodologische Grundlagen, S. 97-116). Weinheim: Beltz PVU.

Die Entwicklungspsychologie befasst sich mit den körperlichen und geistigen Veränderungen, die sich im gesamten Lebensverlauf ereignen. Um diese Prozesse einer wissenschaftlichen Untersuchung zugänglich zu machen, bedient sich die Entwicklungspsychologie bestimmter Methoden und Techniken, die wissenschaftlich fundierte Aussagen zur Beschreibung, Erklärung und Vorhersage diesbezüglicher Phänomene ermöglichen. Dabei richtet sich die Wahl einer Forschungsmethode im Allgemeinen am Interesse des Forschers aus, spezifische Hypothesen und Annahmen empirisch überprüfen zu können. Um nun die menschliche Entwicklung und damit einhergehende Veränderungen im Lebenslauf erfassen und darüber hinaus die möglichen beeinflussenden Faktoren der Entwicklungsprozesse identifizieren zu können, sind bestimmte Methoden von besonderer Bedeutung, deren Vorstellung Gegenstand dieses Abschnitts ist.

2.1.1 Ausgewählte Forschungsdesigns in der Entwicklungspsychologie

Kriterium	**Querschnittstudie**	**Längsschnittstudie**	
		Trend	**Panel**
Erhebung	• einmalig	• mehrmalig	• mehrmalig
Messzeitpunkt	• ein Zeitpunkt	• mehrere Zeitpunkte	• mehrere Zeitpunkte
Stichprobe	• eine	• unterschiedliche	• gleiche
Zeitdimension	• keine	• vorhanden	• vorhanden
Ursache-Wirkungs-Beziehungen	• keine Aussagen möglich	• Aussagen möglich	• Aussagen möglich

2-1: Quer- und Längsschnittuntersuchungen im Vergleich

Mit einer Betrachtung des *Alterseffekts* werden die Auswirkungen des Älterwerdens analysiert, es wird folglich dem natürlichen Lebensverlauf des Menschen Rechnung getragen. Dabei wird erforscht, ob die einzelnen Altersstufen einen signifikanten Einfluss auf den Untersuchungsgegenstand haben.

Kohorteneffekte sind Einflüsse, die eine bestimmte Gruppe von Menschen zum gleichen Zeitpunkt erfahren haben. Die Kohortenanalyse kann auf zwei Arten durchgeführt werden: Beim Intra-Kohorten-Vergleich werden dieselben Personen (bspw. desselben Geburtsjahrganges zu verschiedenen Messzeitpunkten), beim Inter-Kohorten-Vergleich hingegen verschiedene Kohorten untersucht, die zum Messzeitpunkt den gleichen Abstand von einem definierten Ereignis haben. In den meisten Fällen wird ein Inter-Kohorten-Vergleich durchgeführt, wobei sich die Frage stellt, inwieweit die Sozialisation innerhalb einer spezifischen Epoche Einflüsse auf das Untersuchungsergebnis nimmt (bspw. Einstellung zur Gleichberechtigung von Mann und Frau).

Ein *Periodeneffekt* tritt nur oder verstärkt zu einem bestimmten Zeitpunkt auf. Nach schwerwiegenden Ereignissen kann ein Periodeneffekt etwa in Form von Abweichungen in Einstellungen oder als erhöhte Mortalitätsrate messbar sein. Wenn also Personen nach einem Reaktorunfall wie in Fukushima im Jahr 2011 zur Einstellung gegenüber Atomenergie befragt werden, besteht die Möglichkeit, dass sich nun Personen für einen Atomausstieg aussprechen, die vor diesem Ereignis die Atomenergie noch als hinreichend sicher angesehen hatten. Diese Formen der Einstellungsänderung können keiner spezifischen Kohorte und keiner Altersstufe zugeordnet werden.

Konvergenzmodelle

Eine Kombination beider o.g. Vorgehensweisen stellen Konvergenzmodelle dar, mit denen versucht wird, die jeweiligen Vorteile von Längs- bzw. Querschnittserhebungen zu nutzen und deren Nachteile zu minimieren. Bell (1953) empfiehlt für entwicklungspsychologische Fragestellungen die Verwendung von mindestens vier Stichproben, die im jährlichen Abstand zu jeweils drei Zeitpunkten untersucht werden. Weichen die Ergebnisse nicht voneinander ab, „ist es nach Bell berechtigt, die jeweils eine Zeitspanne von zwei Jahren umfassenden Kurzlängsschnitte der verschiedenen Stichproben [...] zu einer einzigen Alterskurve über den gesamten untersuchten Altersbereich zu verknüpfen" (Trautner, 1997, S. 257). Auf diese Weise reduziert sich der Erhebungszeitraum, es resultiert jedoch eine größere Alterskurve. Weiterhin kann man mit einem Stichprobenplan feststellen, ob die untersuchten Altersgruppen homogen sind und ggf. Effekte einer Untersuchungswiederholung vorliegen.

Allerdings ist bei einem solchen Vorgehen die Konvergenz an sich nicht überprüfbar, es kann also nicht zweifelsfrei geklärt werden, inwieweit eine über die Zeit erstellte Entwicklungskurve tatsächlich zulässig ist. Wegen der fehlenden Kontrollgruppen sind zudem keine Testungseffekte feststellbar. Vor diesem Hintergrund erweiterte Schaie (1965) Bells Konvergenzmodell dahingehend, dass verschiedene Kohorten über einen Zeitraum mehrmals untersucht werden: „Nach seinem Vorschlag sollten Entwicklungsvorgänge grundsätzlich in ihrer Abhängigkeit vom Alter der untersuchten Individuen, der Kohorte, der diese Individuen angehören, und dem Zeitpunkt der Untersuchung der Individuen betrachtet werden" (Trautner, 1997, S. 258). So ist es möglich, verschiedene Aspekte (etwa den Einfluss des Lebensalters auf den Untersuchungsgegenstand) detaillierter zu erfassen. Die Methode erreicht im Vergleich zu den klassischen Quer- und Längsschnittuntersuchungen eine höhere Generalisierbarkeit. Da jedoch im Zuge der Erhebung Alter, Kohorte und der jeweilige Messzeitpunkt berücksichtigt werden, ist dieses Design in der Praxis aufwendiger als die Quer- bzw. Längsschnittstudie.

	Querschnittsstudie	**Längsschnittstudie**
Vorteile	• leichtere Rekrutierung von Probanden • niedrige Drop-Out-Quote • verhältnismäßig geringer Aufwand • Repräsentativität relativ leicht erreichbar	• Überprüfung von Alters-, Kohorten- und Periodeneffekten möglich • direkte Abbildung von Entwicklungsprozessen • Bestimmung von Kausalrichtungen • Identifizierung gemeinsamer Entwicklungsmuster
Nachteile	• Überprüfung von Alters-, Kohorten- und Periodeneffekten nicht möglich • intraindividuelle Veränderungen sind nicht messbar	• Drop-Out-Quote • hoher Aufwand (Zeit/Kosten) • oftmals selektierte Personengruppen (freiwillige Teilnahme) • Übungseffekte

2-2: Vor- und Nachteile von Quer- und Längsschnittuntersuchungen

Neuere experimentelle Techniken der Entwicklungspsychologie
Diese Techniken ermöglichen mittlerweile eine Vielzahl von innovativen Untersuchungszugängen, die vor allem in der Säuglingsforschung eingesetzt werden. Zu nennen ist dabei in erster Linie die *Habituations-Dishabituationsmethode*, bei welcher der Effekt genutzt wird, dass bereits Säuglinge neue Reize anfangs interessiert und intensiv beobachten, um allmählich das Interesse zu verlieren, was sich u.a. durch kürzere Beobachtungszeiten ausdrückt - dies ist der *Habituationseffekt*. Wenn nun ein neuer Reiz dargeboten wird, steigt die Dauer und Intensität der Beobachtung wieder sprunghaft an - dies ist die Dishabituation. Verbunden mit der Eye-Tracking-Methode, bei welcher die Blick-

bewegungen der Säuglinge durch Kameras exakt analysiert werden, lassen sich über Blickpräferenzanalysen im Habituations-Dishabituations-Paradigma u.a. Rückschlüsse auf Wissensstrukturen im Säuglingsalter ziehen. So konnte etwa empirisch fundiert werden, dass bereits Säuglinge im vorsprachlichen Stadium semantische Kategorisierungen von Gegenständen (u.a. Tiere versus Möbel) vornehmen (Pauen, 2002).

Reflexionsfragen

- Womit beschäftigt sich die Entwicklungspsychologie?
- Nennen Sie zentrale Vor- und Nachteile von Querschnitts- und Längsschnittuntersuchungen.
- Warum ist die Einsatzmöglichkeit von Laborexperimenten in der Entwicklungspsychologie eingeschränkt?
- Erläutern Sie, wie und warum die Habituations-Dishabituationsmethode in der entwicklungspsychologischen Forschung eingesetzt wird.
- Was versteht man unter einem Kohorten- bzw. Periodeneffekt?
- Wie unterscheiden sich Panel- von Trendstudien?
- Was ist ein Konvergenzmodell?
- Inwiefern können Konvergenzmodelle die Nachteile von Querschnitts- und Längsschnittuntersuchungen kompensieren?

2.2 Grundbegriffe der Entwicklungspsychologie und zentrale entwicklungspsychologische Ansätze

Lernziele

… Entwicklung als lebenslangen Prozess zu begreifen
… kontinuierliche und diskontinuierliche Entwicklungsprozesse unterscheiden zu können
… zentrale entwicklungspsychologische Determinanten zu beschreiben
… paradigmatische Ansätze zur Untersuchung von Entwicklungsprozessen zu differenzieren
… Typologie von Entwicklungsansätzen nachvollziehen zu können

Die Entwicklungspsychologie erforscht die körperlichen und geistigen Veränderungen von Menschen im Lebenslauf. Wegen der Akzentuierung der zeitlichen Dimension wird dabei der Fokus auf die allgemeinen Gesetzmäßigkeiten intraindividueller Unterschiede gelegt, weshalb sich zwangsläufig Parallelen zur Persönlichkeitspsychologie ergeben. Es verwundert daher nicht, dass moderne paradigmatische Ausrichtungen für die Entwicklungspsychologie folglich auch eine durchaus gewollte Unschärfe bzw. Überschneidung mit Elementen persönlichkeitspsychologischer Theorienbildung zeigen (u.a. Magnusson, 1999).

Ein wesentliches Spezifikum der Entwicklungspsychologie ist aber sicherlich die vorrangige Betrachtung *alterstypischer* Veränderungen, die für alle Menschen im Zuge des Lebenslaufs gelten. Asendorpf (2007, S. 316) spricht in diesem Zusammenhang von „universelle(r) Entwicklung". Die Zeit an sich ist hierbei nur eine Trägervariable, ihr selbst kommt kein eigenständiger Erklärungswert für körperliche oder geistige Veränderungen zu (Trautner, 1992). Zur Varianzaufklärung müssen somit die mit dem Lebenslauf kovariierenden psychologischen, biologischen und sozialen Bedingungsfaktoren der menschlichen Entwicklung sowie deren stetiges Zusammenwirken identifiziert werden.

Entwicklungsprozesse können dabei Merkmale von *Kontinuität* und *Diskontinuität* aufweisen. Die Vorstellung von kontinuierlicher Entwicklung als geordnete bzw. sukzessive Abfolge von Schritten wird im Rahmen einiger (u.a. Piaget, 1954), nicht aber aller entwicklungspsychologischer Theoriebildungen vertreten. Veränderungen im Lebenslauf müssen also nicht zwangsläufig auf einer stufenförmigen, kontinuierlichen Abfolge verortbar sein.

Grundlegende Kenntnisse über die Ergebnisse entwicklungspsychologischer Forschung sind zwingend erforderlich, um Erleben und Verhalten in den verschiedenen Lebensphasen eines Menschen angemessen verstehen zu können. Während sich die Entwicklungspsychologie bis in die 1970er Jahre primär auf den Zeitraum der Geburt bis zum Beginn der Adoleszenz kapriziert hat (Brandtstädter & Lindenberger, 2007), wird Entwicklung mittlerweile als lebenslanger Prozess begriffen.

Entwicklung als lebenslanger Prozess

> Definition
> „Entwicklungspsychologie ist dasjenige Gebiet der Psychologie, das sich mit körperlichen und geistigen Veränderungen befasst, die sich von der Empfängnis über die gesamt Lebensspanne hinweg ereignen. Entwicklungspsychologen wollen und sollen herausfinden, wie und warum sich Organismen im Laufe der Zeit verändern - Entwicklung *erfassen* und *erklären*." (Gerrig & Zimbardo, 2008, S. 362; Hervorhebung im Original)

Entwicklungspsychologische Determinanten

Mit dem Beginn menschlichen Lebens setzen Entwicklungsprozesse ein. Entwicklung beschreibt dabei stets die Veränderung des Individuums von einem Zeitpunkt t_1 zu einem weiteren Zeitpunkt t_2, wobei als mögliche Ursachen einer Veränderung folgende Faktoren prinzipiell denkbar sind (s. 2-3):

- Veränderungen sind innerhalb der Person begründet (biologisch/ genetisch; endogen)
- Veränderungen sind in der Umwelt der Person begründet (soziokulturell; exogen)
- Veränderungen sind in der komplexen Wechselwirkung von personalen Faktoren einerseits und Umweltfaktoren andererseits begründet

paradigmatische Ansätze zur Untersuchung von Entwicklungsprozessen	Beschreibung
biologisch-genetische Perspektive (nature)	• diese historisch älteste Perspektive versteht Entwicklung als einen biologisch vorprogrammierten (endogenen) Prozess • der Entwicklungsbegriff wird oftmals mit dem Begriff der Entfaltung gleichgesetzt verschiedene Stufen oder Phasen werden im Sinne eines Fortschreitens vom Einfachen zum Komplexen diskontinuierlich erreicht • das Interesse richtet sich weniger auf interindividuelle Unterschiede als vielmehr auf den typischen Entwicklungsverlauf, die strukturellen Entwicklungsaspekte zu den verschiedenen Zeitpunkten im Lebenslauf • die Funktionenausübung kann nur zu vorher festgelegten Zeitpunkten erfolgen, eine individuelle Beschleunigung wird hingegen ausgeschlossen, allenfalls ist die individuelle Optimierung von Funktionen möglich (Asendorpf, 2011; s.a. Brandstädter & Lindenberger, 2007)
Umweltperspektive (nurture)	• populär geworden ist u.a. Wygotskys soziokultureller Ansatz (1934, 1987) • diese Perspektive fokussiert physische und soziale Einflüsse, die auf die natürlichen Anlagen, das psychische Erleben von Individuen sowie auf die Geschwindigkeit und Richtung der Entwicklung Einfluss nehmen • Grundannahme ist, dass jede Kultur ganz spezifische Anforderungen an ihre Mitglieder stellt; um diesen gerecht werden zu können, bedarf es eines individuellen Lernprozesses, der nur über die In-

paradigmatische Ansätze zur Untersuchung von Entwicklungsprozessen	Beschreibung
	teraktion mit der Umwelt erfolgreich sein kann; in der Folge entwickelt sich bei den Mitgliedern einer Kultur ein für eben diese Kultur typisches Denken und Verhalten (Berk, 2011) • aus heutiger Sicht wird Wygotsky mit seinem Ansatz auch als früher Vertreter des Interaktionismus' eingeordnet
dynamischer Interaktionismus	• als Synthese dieser diametralen Ansätze erfolgte zum Ende der 1970er Jahre ein Paradigmenwechsel hin zu einem dynamischen Interaktionismus (u.a. Bronfenbrenner, 1979; Magnusson, 1990), welcher die wechselseitigen Einflüsse beider Faktoren auf die Entwicklung untersucht • dieses Paradigma fokussiert als multiplikatives Modell der (Persönlichkeits-)Entwicklung die reziproken, interaktiven Beziehungen zwischen biologischen, soziologischen, physikalischen, psychologischen, sozialen und historischen Prozessen (Krampen & Greve, 2008; s. 2-4)

2-3: zentrale Paradigmen in der Entwicklungspsychologie

Typologisch lassen sich vier Typen von Entwicklungstheorien voneinander abgrenzen, die sich darin unterscheiden, inwieweit dem Subjekt bzw. der Umwelt eher aktive oder passive Anteile im Entwicklungsprozess zugestanden werden (s. 2-4).

		Umwelt	
		aktiv	**nicht aktiv**
Subjekt	**aktiv**	interaktionistische Theorien	Selbstgestaltungstheorien
	nicht aktiv	exogenistische Theorien	endogenistische Theorien

2-4: eine Typologie von Entwicklungstheorien (n. Montada, 2008, S. 10)

Das spezifische Verständnis im dynamischen Interaktionismus skizziert 2-5.

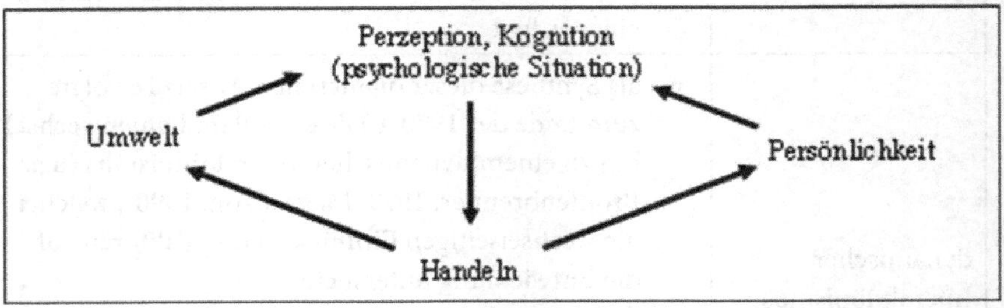

2-5: Erleben und Handeln im Verständnis des dynamischen Interaktionismus

Reflexionsfragen
• Erläutern Sie die Begriffe der kontinuierlichen und diskontinuierlichen Entwicklung. • Welche paradigmatischen Ansätze zur Untersuchung von Entwicklungsprozessen kennen Sie? • Was kennzeichnet die biologisch-genetische Perspektive auf Entwicklung? Was kennzeichnet die Umweltperspektive auf Entwicklung? In welchem Zusammenhang steht hierzu die dynamisch-interaktionisitsche Perspektive? • Welche Annahmen macht die Typologie von Entwicklungstheorien nach Montanda (2008)?

2.3 Psychoanalytische Entwicklungstheorien

Lernziele

... das psychodynamische Paradigma der Persönlichkeitsentwicklung in den Kontext der Psychologie einordnen zu können
... die wesentlichen psychodynamischen Konzepte und deren Bedeutung für die Entwicklung zu verstehen
... die Modelle der psychosexuellen und der psychosozialen Entwicklung in ihren Zusammenhängen und ihren Abgrenzungen nachvollziehen zu können
... die Bedeutsamkeit des psychodynamischen Paradigmas für die entwicklungspsychologische Forschung in ihrem historischen Verlauf zu begreifen

<u>Wichtige Vertreter</u>
Alfred Adler (1870-1937)
Erik H. Erikson (1902-1994)
Sigmund Freud (1856-1939)
Carl Gustav Jung (1875-1961)
Daniel Stern (1934-2012)

Die wesentlichen Annahmen und Begriffe psychoanalytischer Entwicklungstheorien basieren auf der Beschreibung der Persönlichkeitsentwicklung durch *Sigmund Freud*, er gilt diesbezüglich als der zentrale Wegbereiter. Neben wissenschaftshistorischen Gründen sind die Konzeptualisierungen Freuds vor allem mit Blick auf ihren heuristischen Wert für die wissenschaftliche Theoriebildung, aber auch wegen ihres immer noch ganz erheblichen Einflusses auf das Alltagsverständnis von Entwicklungsprozessen von herausgehobener Bedeutung (Krampen, 2002).

Literatur im Überblick

Coles, R. (1974). Erik H. Erikson: Leben und Werk. München: Kindler.

Erikson, E. H. (2005). Der vollständige Lebenszyklus. Frankfurt a. M.: Suhrkamp.

Erikson, E. H. (1974). Jugend und Krise: Die Psychodynamik im sozialen Wandel (2. Aufl.). Stuttgart: Klett.

Köhler, T. (2007). Freuds Psychoanalyse: Eine Einführung (2. Aufl.). Stuttgart: Kohlhammer.

List, E. (2009). Psychoanalyse: Geschichte, Theorien, Anwendungen. Wien: Facultas.

Lohmann, H.-M. & Pfeiffer, J. (Hrsg.). (2006). Freud-Handbuch: Leben, Werk, Wirkung. Stuttgart: Metzler.

Mertens, W. (2009). Psychoanalytische Erkenntnishaltungen und Interventionen: Schlüsselbegriffe für Studium, Weiterbildung und Praxis. Stuttgart: Kohlhammer.

Roudinesco, E. & Plon, M. (2004). Wörterbuch der Psychoanalyse: Namen, Länder, Werke, Begriffe. Wien: Springer.

2.3.1 Das psychodynamische Paradigma der Persönlichkeitsentwicklung

Als Spiritus rector psychodynamischer Theorien begreift Freud den Menschen als ein triebgesteuertes Wesen, wobei im Sinne des „Dampfkesselmodells" jeder Trieb nach unmittelbarer Befriedigung drängt; sind keine bzw. zu wenige Ventile geöffnet, erzeugt die Nichtbefriedigung von Trieben einen Überdruck, der zu einem unkontrollierten Ausbruch (bspw. in Form von Aggression) führen kann. Die entscheidenden Grundlagen des Handelns bilden der *Eros* (Lebens-, Liebestrieb) und der *Thanatos* (Aggressions-, Todestrieb): Während der Eros der Selbsterhaltung und der stetigen Schaffung und Sicherung von Bindungen und Beziehungen dient, zielt der Thanatos genau gegenteilig auf die Auflösung eben dieser Verbindungen und Beziehungen.

Freuds Vorstellungen von den Trieben des Menschen

„[...] so erscheint uns der ‚Trieb' als ein Grenzbegriff zwischen Seelischem und Somatischem, als psychischer Repräsentant der aus dem Körperinneren stammenden, in die Seele gelangenden Reize, als ein Maß der Arbeitsanforderung, die dem Seelischem infolge seines Zusammenhangs mit dem Körperlichen auferlegt ist [...]" (Freud, 1915, S. 214)

Freuds Überlegungen zu den Grundtrieben Eros und Thanatos
„[…] während die erotischen Triebe die Bestrebungen zum Leben repräsentieren [wird der] Todestrieb […] zum Destruktionstrieb, indem er mit Hilfe besonderer Organe nach außen, gegen die Objekte, gewendet wird. Das Lebewesen bewahrt sozusagen sein eigenes Leben dadurch, daß es fremdes zerstört [...]" (Freud, 1960, S. 428)

Freuds Interesse galt allen neurotischen Krankheiten oder psychischen Auffälligkeiten, deren Ursprünge er auf frühkindliche Erfahrungen zurückführte. Hierbei steht bei ihm die psychosexuelle Komponente für die Frage positiver bzw. negativer Entwicklungsverläufe im Vordergrund. Drei Grundannahmen sind diesbezüglich besonders relevant (Oerter & Dreher, 2008; Trautner, 1997):

- Die sexuelle Entwicklung beginnt nicht erst in der Pubertät, sondern schon im Kindesalter.
- Die frühkindliche Entwicklung (bis zum 6. Lebensjahr) ist von herausragender Bedeutung für die gesamte Persönlichkeitsentwicklung des Menschen.
- Der individuelle Entwicklungsverlauf hängt in starkem Maße von der Eltern-Kind-Beziehung ab, dabei ist vor allem der elterliche Umgang mit den körperlichen Bedürfnissen und Funktionen des Kindes bedeutsam.

Die psychische Ausstattung einer Person in der Theorie Freuds ist durch die Instanzen Es, Ich und Über-Ich gekennzeichnet. Der größte Teil der Persönlichkeit, das *Es*, umfasst dabei die unbewusste Struktur und beinhaltet alle grundlegenden Bedürfnisse, Wünsche und vor allem Triebe, welche dem Lustprinzip gehorchen: Zur Energieentladung ist das Es bestrebt, Lust zu suchen und Schmerz zu vermeiden. Dabei kennt das Es keinen Aufschub der ersehnten Triebbefriedigung, es ist stets auf eine Lustmaximierung ausgerichtet. Der bewusste und rationale Teil der Persönlichkeit, das *Ich*, besitzt eine starke „kognitive Funktion", die Orientierung und die Handlungen in der Welt stehen im Vordergrund. Das Ich bildet sich in der frühen Kindheit aus Teilen des Es durch den Kontakt zur Außenwelt heraus, wobei es versucht, die Triebansprüche des Es so umzulenken, dass diese in akzeptabler Weise ausgelebt werden können. Das Ich folgt damit dem Realitätsprinzip und dient als Vermittler zur Herstellung eines Gleichgewichts zwischen den Impulsen des Es und der Außenwelt; es ist bestrebt, den Einfluss der Außenwelt zu ändern und die Triebansprüche des Es einzudämmen. Ab einem Alter von drei bis vier Jahren bildet sich durch die Interaktion mit den Eltern das *Über-Ich* mit den verinnerlichten sozialen Normen und Geboten heraus. Dabei erfolgt die Unterscheidung zwischen Gewissen (Verbote, Strafen) und Idealen (Lob, Standards), wodurch sich das Ich mit der zunehmend komplexer werdenden Aufgabe konfrontiert sieht, zwischen den Anforderungen des Es, der Außenwelt und des Gewissens zu vermitteln (u.a. Asendorpf, 2007; Berk, 2011).

Freud differenziert analog zu den drei Persönlichkeitsinstanzen auch drei Ebenen des Bewusstseins: *Bewusst* sind dabei solche Gedächtnisanteile, die erinnert werden können bzw. denen gezielt Aufmerksamkeit geschenkt werden kann. *Vorbewusstes* ist dem Menschen nicht unmittelbar präsent, auf solche Gedächtnisanteile kann jedoch mittels bewusster Konzentration zugegriffen werden. Eine in Kriminalromanen immer wieder gern genutzte Strategie bei Zeugen ist die Rückkehr an den Tatort, um mittelbar präsente Gedächtnisanteile wieder unmittelbar präsent werden zu lassen. Im Gegensatz zu vorbewussten Anteilen kann *Unbewusstes* nicht willentlich seitens des Individuums bewusst gemacht werden, es bedarf an dieser Stelle therapeutischer Intervention (Berk, 2011; s.a. 2-6).

Typische Interventionsformen im Rahmen des psychodynamischen Paradigmas	Beschreibung
Bewusstmachung	• die Bewusstmachung setzt sich aus Analyse, Konstruktion und Deutung zusammen • sie verfolgt das Ziel, die Entstehung einer Neurose zu rekonstruieren, einzelne Elemente zu deuten und dem Patienten bewusst zu machen
Erinnern, Wiederholen und Durcharbeiten als Maßnahmen bei Widerständen	• die Libido als Antriebskraft des Eros wird durch jede psychische Erkrankung in Form einer Regression zurückgehalten bzw. „versteckt“ • die Person hat einen Widerstand gebildet, um den bisherigen Zustand aufrechtzuerhalten; diesen Widerstand gilt es therapeutisch durch Erinnern, Wiederholen und Durcharbeiten zu überwinden • zuerst wird hierbei versucht, Vergessenes wieder bewusst zu machen, dann sollen die Erlebnisse und damit verbundenen Emotionen immer wieder erlebt werden, um sie auf diese Weise verarbeiten zu können • hilfreiche Instrumente in diesem Zusammenhang sind die Hypnose und die Traumdeutung

2-6: psychodynamisch orientierte Interventionsformen

Das Fünf-Phasen-Modell der psychosexuellen Entwicklung

Mithilfe seines Fünf-Phasen-Modells beschreibt Freud (1969) die psychosexuelle Entwicklung von Kindern (s. 2-7). Er geht davon aus, dass diese in altersspezifischen Phasen verläuft, welche der Reihe nach durchlaufen werden müssen; ein Zurückfallen auf eine vorangegangene Entwicklungsstufe ist nicht möglich. Es werden insgesamt fünf Phasen unterschieden, bei denen die Triebbefriedigung des Menschen jeweils mit spezifischen erogenen Zonen verbunden ist (u.a. Gerrig & Zimbardo, 2008; Krampen & Greve, 2008; Siegler, DeLoache & Eisenberg, 2008). Für eine gesunde Persönlichkeitsentwicklung ist eine angemessene Triebbefriedigung erforderlich, sowohl ein Zuviel als auch ein Zuwenig wirkt sich demnach nachteilig auf den Entwicklungsprozess aus.

Phasen der psychosexuellen Entwicklung nach Freud	Beschreibung
oral (1. Lebensjahr)	• die erogenen Zonen der oralen Phase sind Mund, Lippen und Zunge • der hilflose Säugling wird von seinen Trieben gesteuert, die sein Überleben sichern sollen; Saugen, Kauen, Schlucken und Trinken helfen, diese Triebe zu befriedigen • gegen Ende des ersten Lebensjahres beginnt die Persönlichkeitsstruktur des Ichs, jene des Es zu ergänzen, der Säugling beginnt langsam, einen Bezug zwischen sich und seiner Umgebung herzustellen
anal (2./3. Lebensjahr)	• die Triebbefriedigung in der analen Phase vollzieht sich über die Kontrolle des Darms oder der Harnblase bzw. über das lustvolle Erleben des Spannungsaufbaus beim Stuhlgang; damit ist eine zunehmende Einflussnahme auf Körperprozesse verbunden
phallisch (3./6. Lebensjahr)	• in der phallischen Phase bilden die Genitalien die erogene Zone der Triebbefriedigung und wecken das Interesse des Kindes; bei Jungen tritt der Ödipus-, bei Mädchen der Elektrakomplex auf • eng mit der Lösung dieses Komplexes ist die Entstehung des Über-Ichs verbunden, hierdurch wird dem Kind in der Folge das Treffen von Entscheidungen ermöglicht

Phasen der psychosexuellen Entwicklung nach Freud	Beschreibung
Latenzzeit (6./12. Lebensjahr)	• in der Latenzzeit ist keine erogene Zone von hervorgehobener Relevanz, die sexuelle Entwicklung ruht in dieser Zeit, um verstärkt kognitives Wissen aufnehmen zu können
genital (ab der Pubertät)	• mit dem Eintritt der sexuellen Reifung beginnt die letzte Entwicklungsphase: die sexuelle Energie, die lange Jahre unterdrückt wurde, richtet sich nun gezielt auf das andere Geschlecht • frühere erogene Zonen werden erneut aktiviert, die Befriedigung wird über den Geschlechtsverkehr erreicht

2-7: Phasenmodell der psychosexuellen Entwicklung (n. Freud, 1969)

Ödipus- und Elektrakomplex
In der phallischen Phase erkennen Kinder die Geschlechtsunterschiede zwischen Frauen und Männern, sie erleben die ersten sexuellen Impulse. Die äußeren Geschlechtsunterschiede werden als Resultat von verbotenen sexuellen Wünschen begriffen, sodass bei den Jungen hieraus Kastrationsängste resultieren, bei den Mädchen entsteht ein Kastrationskomplex mit daraus folgendem Penisneid. Bei den Kindern entwickeln sich intensive gegengeschlechtliche Gefühle gegenüber den Eltern, die sich auch in aggressiven Handlungen gegenüber dem gleichgeschlechtlichen Elternteil und gleichzeitiger Angst vor diesem äußern. Die Kinder lösen den Konflikt (wahrgenommenes Inzest-Verbot durch den in dieser Entwicklungsphase einsetzenden Einfluss des Über-Ichs) mittels Identifikation mit dem gleichgeschlechtlichen Elternteil und der damit verbundenen Annahme der eigenen Geschlechtsrolle.

Eine erfolgreiche Entwicklung zeichnet sich nach dieser Theorievorstellung dadurch aus, dass sich ein starkes Ich etablieren konnte, welches zwischen den Ansprüchen der Realität, des Über-Ichs und der unbewussten Triebe zu vermitteln vermag. Das Ziel der Entwicklung sieht Freud in dem Einsatz des Menschen für die Liebe und die Arbeit.

2.3.2 Stufenmodell der psychosozialen Entwicklung nach Erik H. Erikson

Die Theorievorstellung von Erik H. Erikson baut auf dem psychosexuellen Phasenmodell von Sigmund Freud auf, Erikson (1959) erweitert diesen Ansatz jedoch um psychosoziale Aspekte der Entwicklung. Erikson postuliert in seinem achtstufigen Modell, dass das Individuum in jeder Entwicklungsphase einen Konflikt bewältigen muss (s. 2-8). Unbewusste Prozesse treten allerdings in seiner Konzeption zurück, entwicklungsspezifische Konflikte werden überwiegend vor dem Hintergrund kultureller und sozialer Erfahrungen durch eine aktive Auseinandersetzung mit der Umwelt angegangen. Die positive oder negative Konfliktlösung wirkt sich sodann auf die Bewältigung der nachfolgenden Phasen aus. Erikson beschreibt die psychosoziale Entwicklung als einen bis an das Lebensende andauernden Prozess (Krampen & Greve, 2008).

Stufen der psychosozialen Entwicklung nach Erikson	**Beschreibung**
Urvertrauen versus Urmisstrauen (1. Lebensjahr)	• entspricht der oralen Phase im Theoriemodell Freuds; im Zentrum steht das Urvertrauen gegenüber der sozialen Umwelt • werden die grundlegenden Bedürfnisse des Kindes nur unzureichend oder unzuverlässig befriedigt, so wird die Entwicklung von Urvertrauen gehemmt und die Bildung von Misstrauen gegenüber anderen Personen (auch in späteren Entwicklungsphasen) gefördert
Autonomie versus Scham und Zweifel (2./3. Lebensjahr)	• der Entwicklungsschwerpunkt liegt in der Ausbildung von Autonomie (Analogie zu Freud), allerdings ohne Beschränkung auf den Aspekt der Sauberkeitserziehung, sondern zusätzlich Betonung der Bedeutung des Kompetenzzuwachses mit Blick auf die sozialen Anforderungen sowie den damit verbundenen Wunsch von Kindern, selbst entscheiden und wählen zu können • steigende Mobilität der Kinder und vermehrte sprachliche Kompetenzen

Stufen der psychosozialen Entwicklung nach Erikson	Beschreibung
	• Autonomie ist das Ergebnis der Förderung von Eigenständigkeit seitens der Eltern, ohne dabei jedoch zu überfordern • geringe Förderung, die ständige Abnahme bzw. Korrektur von Aufgaben oder gar das Bloßstellen der Kinder bei misslingenden Versuchen begünstigen Selbstzweifel und ein generelles Schamgefühl
Initiative versus Schuldgefühl (3./6. Lebensjahr)	• die Identifikation mit den Eltern erfolgt zusammen mit dem Wunsch, ihnen nachzueifern • der Prozess der Identifikation ist mit der Übernahme der elterlichen Regeln und Normen verbunden, die Kinder empfinden daher Schuldgefühle, wenn sie sich nicht nach diesen richten • Kinder entwickeln zunehmend höhere Ziele und versuchen, diese auch umzusetzen • entscheidend ist die Balance zwischen Initiative und Schuldgefühl - hohe Standards können sie dann erreichen, wenn ihnen hinreichende Möglichkeit zum Ausprobieren gewährt wird, ohne dabei von der Angst verfolgt zu werden, sich bei einem Scheitern schuldig fühlen zu müssen
Werksinn versus Minderwertigkeitsgefühl (5./6. Lebensjahr)	• analog zu Freud findet in dieser Stufe vornehmlich die Ich-Entwicklung statt: Kinder konzentrieren sich auf den Erwerb von weiteren sozialen und kognitiven Fertigkeiten, sie verfestigen aber auch die bereits erworbenen Fertigkeiten • es wird gelernt, sich auf seine Arbeiten zu konzentrieren und eigene Möglichkeiten im Zusammenspiel mit Gleichaltrigen zu erproben • erlebte Erfolge fördern das Kompetenzerleben, erlebte Misserfolge begünstigen Minderwertigkeitsgefühle

Stufen der psychosozialen Entwicklung nach Erikson	Beschreibung
Identität versus Identitätsdiffusion (ab der Pubertät)	• das Jugendalter ist von rasch ablaufenden körperlichen Entwicklungsprozessen geprägt • Jugendliche sind bemüht, eine eigenständige Identität zu erlangen: soziale Beziehungen werden ausgebaut, erste intime Kontakte und sexuelle Erfahrungen werden gesammelt • Jugendliche sehen sich erhöhten sozialen Anforderungen ausgesetzt und beginnen, wichtige Entscheidungen zu treffen, so etwa in Bezug auf ihren weiteren schulischen respektive beruflichen Werdegang; in vielerlei Hinsicht ist eine Wahl zwischen vielfältigen Optionen möglich, die Frage, wer sie eigentlich sind und welche Position sie in der Gesellschaft einnehmen möchten, müssen die Jugendlichen für sich beantworten • Identitätsfindung ist letztendlich vor allem charakterisiert durch die Ausbildung eines eigenständigen Werte- und Normensystems, dieses stellt die elementare Basis für die Orientierung im sozialen Gefüge dar; ohne eine solche Orientierung kommt es zu einer unvollständigen Identitätsbildung mit einer verzerrten Selbstwahrnehmung
Intimität versus Isolierung (frühes Erwachsenenalter)	• das Individuum ist zunehmend gefordert, enge Beziehungen zu anderen Personen eingehen zu können (sich emotional, moralisch oder sexuell auf diese einzulassen), damit können stets auch individuelle Einschränkungen verbunden sein • gelingt diese Passung nicht, besteht die Gefahr der Isolierung

Stufen der psychosozialen Entwicklung nach Erikson	Beschreibung
Generativität versus Stagnation (mittleres Erwachsenenalter)	• die Selbstfindungsphase ist zumeist abgeschlossen, die Aufmerksamkeit richtet sich dann vor allem auf die Gründung einer Familie resp. auf Verpflichtungen im Beruf oder auf anderen gesellschaftlichen Ebenen • wurden die bisherigen Stufen weniger erfolgreich gelöst, ist es möglich, dass das Individuum wenig Zukunftsorientierung entwickelt bzw. sich weiterhin zu stark auf seine eigene Person kapriziert
Ich-Integrität versus Verzweiflung (hohes Erwachsenenalter)	• der Mensch muss sich mit dem eigenen Lebensende auseinandersetzen, damit verbunden ist ein Rückblick auf das eigene Leben, das als positiv oder negativ bewertet werden kann • resultiert die Überzeugung, ein unerfülltes Leben gelebt zu haben (dies ist nicht mehr revidierbar und auch die Möglichkeiten, es künftig zu verändern, sind begrenzt), kommt es in der Folge dieser Erkenntnis zur Selbstabwertung und Verbitterung

2-8: psychosoziale Entwicklungsstufen (n. Erikson, 1959, 1974)

Kritische Würdigung der psychoanalytischen Entwicklungstheorien

Viele Grundprinzipien psychoanalytischer Theorien wirken heute vor dem Hintergrund der aktuellen Forschungsergebnisse zum Teil befremdlich bzw. veraltet, so etwa deren Fokus auf angeborenen Trieben oder auch die Ausrichtung an tradierten Geschlechterrollen. Forschungshistorisch ist jedoch insbesondere die Thematisierung (früh-)kindlicher Erfahrungen für die Entwicklung und das Erleben der Persönlichkeit sowie die Bedeutung kindlicher Sexualität als geradezu revolutionär zu bewerten. Hinzu kommt die Entdeckung der unbewussten geistigen Tätigkeit, was als eine wichtige Errungenschaft für die psychologische Forschung gilt. Wie bereits angedeutet, ist schließlich der heuristische Wert für die Theoriebildung in der Entwicklungs- und Persönlichkeitspsychologie als sehr hoch einzuschätzen. Intensive Kritik erfahren psychoanalytische Konzepte vor allem mit Blick auf die empirische Fundierung der alltagspsychologisch vielfach plausibel erscheinenden Annahmen:

- Zentrale Begriffe der Theoriebildung (so etwa die Instanzen des Es, Ich und Über-Ich) lassen sich nicht hinreichend empirisch bestätigen (Zepf & Zepf, 2008). Zudem legen verschiedene Studien (u.a. Caselman, Self & Self, 2006) nahe, dass kulturspezifischen Familienkonstellationen und kulturellen Erziehungskonzepten größere Bedeutung für die Persönlichkeitsentwicklung zukommt als universellen Prozessen der Libidoentfaltung.
- Abwehrmechanismen können möglicherweise beschrieben und diagnostiziert werden, doch ist es bisher nicht gelungen, spezifische Entwicklungsbedingungen vorherzusagen (Asendorpf, 2007); ferner wird aktuellen Einflüssen und äußeren Reizen praktisch kein Gewicht eingeräumt (Trautner, 1997).
- Kognitiven Variablen (Wahrnehmen, Denken, Urteilen) wird zu wenig Relevanz beigemessen, sie werden vor allem in Relation zu ihrer triebmäßigen Grundlage verstanden.
- Die feste Verortung der Identitätsbildung auf einer Entwicklungsstufe scheint einem Verständnis der Identitätsbildung als einem dynamischen, reziproken und lebenslang andauernden Prozess zwischen Person und Umwelt unterlegen zu sein.

Reflexionsfragen

- Erläutern Sie das psychodynamische Menschenbild. Welche Triebe sind nach Freud die entscheidenden für menschliches Handeln?
- Welche Persönlichkeitsinstanzen konzeptualisiert Freud, welche Funktionen ordnet er diesen zu?
- Welche Ebenen des Bewusstseins lassen sich bei Freud differenzieren?
- Erläutern Sie die fünf Phasen der psychosexuellen Entwicklung nach Freud.
- Ordnen Sie den fünf Stufen der psychosexuellen Entwicklung die jeweiligen erogenen Zonen der Triebbefriedigung zu.
- Was kennzeichnet nach Freud eine erfolgreich verlaufene Persönlichkeitsentwicklung?
- Erläutern Sie die Begriffe der Abwehr und der Verdrängung.
- Beschreiben Sie das Stufenmodell der psychosozialen Entwicklung nach Erik H. Erikson.
- Ab welcher Stufe gewinnt die Ich-Entwicklung in der Vorstellung Eriksons vornehmlich an Bedeutung?
- Wie sind psychodynamische Entwicklungstheorien aus heutiger Forschungsperspektive zu bewerten?

2.4 Kognitive Entwicklungstheorien

Lernziele

... die kognitive Perspektive auf Entwicklung in ihren Grundzügen zu begreifen

... einen Überblick über die wesentlichen kognitiven Entwicklungstheorien und deren Vertreter zu gewinnen

... das Entwicklungskonzept Piagets und dessen Stufenmodell der kognitiven Entwicklung zu verstehen

... den sozio-kulturellen Ansatz kognitiver Entwicklung nach Wygotsky einordnen zu können

... die Erkenntnisse neuerer kognitive Entwicklungstheorien zu erfassen

... die Entwicklungstheorie des moralischen Urteils nach Kohlberg nachvollziehen zu können

<u>Wichtige Vertreter</u>
Jerome S. Bruner (*1915)
Lawrence Kohlberg (1927-1987)
Jean Piaget (1896-1980)
Lew S. Wygotsky (1896-1934)

Jean Piaget gilt als erster Vertreter einer kognitiv ausgerichteten Theoriebildung, welche die geistige Entwicklung von Kindern nicht nur als Ausschnitt des gesamten Entwicklungsprozesses betrachtet, sondern ebendiese selbst in den Mittelpunkt der Betrachtung rückt, indem er sie als den wesentlichen Ausgangspunkt für jegliche weitere Entwicklung proklamiert. Dieser Ausgangpunkt kognitiver Entwicklungstheorien wird von *Lawrence Kohlberg* erweitert, seine Anwendung auf das Sozialverhalten des Menschen wird von daher im Anschluss an die Darstellung der Theorie Piagets skizziert. *Lew Wygotsky* hingegen betont den sozio-kulturellen Einfluss auf die Entwicklung, der aktiven sozialen Interaktion zwischen Kind und Erwachsenen wird eine zentrale Bedeutung für die kognitive Entwicklung beigemessen.

Literatur im Überblick

Kohlberg, L., Althof, W., Noam, G.G. & Oser, F. (Hrsg.). (1995). Die Psychologie der Moralentwicklung. Frankfurt a. M.: Suhrkamp.

Kohler, R. (2008). Jean Piaget. Bern: Haupt.

Kuhmerker, L., Gielen, U.P., Garz, D. & Hayes, R.L. (1996). Lawrence Kohlberg. Seine Bedeutung für die pädagogische und psychologische Praxis. München: Kindt Verlag.

Lefrançois, G.R. (2006). Psychologie des Lernens (4. Aufl., Kap. 7: Drei kognitive Theorien: Bruner, Piaget und Wygotski, S. 187-230). Heidelberg: Springer.

Piaget, J. (1995). Intelligenz und Affektivität in der Entwicklung des Kindes. Frankfurt a. M.: Suhrkamp.

Schneider, W. & Sodian, B. (2006). Enzyklopädie der Psychologie: Entwicklungspsychologie: Kognitive Entwicklung. Göttingen: Hogrefe.

Sodian, B. (2008). Entwicklung des Denkens. In R. Oerter & L. Montada (Hrsg.), Entwicklungspsychologie (6. Aufl., S. 436-479). Weinheim: Beltz PVU.

2.4.1 Piagets Theorie der kognitiven Entwicklung

Jean Piaget war bei der Entwicklung seiner Theorie von der Grundannahme geleitet, dass Menschen sich stets mit Anforderungen aus der Umwelt auseinandersetzen und diese aktiv bewältigen müssen - im Zuge der Adaptation basiert diese Bewältigung auf kognitiven Leistungen. Piaget geht in dieser Hinsicht davon aus, dass im Laufe der Kindheit bis zum Erwachsenenalter das Verständnis des Menschen über sich und seine Umwelt qualitativ und quantitativ zunimmt, weshalb er den Umweltanforderungen immer besser begegnen kann. Zentrale Elemente seiner Theorie sind die Begriffe Adaptation, Assimilation, Akkomodation und Äquilibration (s. 2-9; für ausführliche Darstellungen u.a. Oerter & Montada, 2008; Solso, 2005).

Definitionen
Adaptation = Notwendigkeit des Individuums, sich den Anforderungen und Gegebenheiten seiner Umwelt anzupassen
Äquilibration = angeborene Tendenz des Individuums, ein dynamisches Gleichgewicht zwischen Assimilation und Akkomodation aufrecht zu erhalten

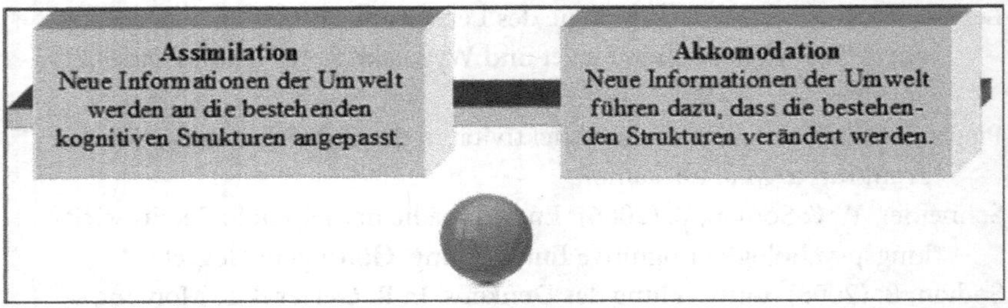

2-9: Äquilibrationsprinzip (n. Piaget, 1952)

Beispiele aus der Praxis
Assimilation Ein Kind besitzt einen Dackel und ein dazugehöriges Verhaltensschema bezüglich des Umgangs mit diesem. Es beobachtet nun einen Hund einer anderen Rasse, nämlich einen Terrier, ordnet diesen der Kategorie „Hund" zu (vier Beine, glattes Fell, wedelnde Rute) und verhält sich in ähnlicher Art und Weise dem Terrier gegenüber wie dem Dackel.
Akkomodation Ein Kind besitzt ein Schema über einen Hund und beobachtet nun im Zoo einen Wolf. Es bezeichnet den Wolf zunächst als „Hund", da das Tier einige der bekannten Strukturmerkmale aufweist. Es lernt nun bspw. durch Hinweise seines Umfeldes, dass es sich nicht um einen Hund, sondern um einen Wolf handelt. Das Kind nimmt daraufhin die Unterschiede zwischen beiden Kategorien wahr, die kognitive Struktur erweitert sich also um dieses neue Wissen. Neben der Kategorie „Hund" (vier Beine, glattes Fell, wedelnde Rute) entsteht eine neue Kategorie „Wolf" (längerer Rumpf, größerer Kopf, breite Stirn, kurze Ohren, schräg angesetzte Augen, waagerechte oder gesenkte Rute).

2-10: Beispiele zu Assimilation und Akkomodation n. Piaget

Piagets Arbeiten umfassen den Zeitraum vom Säuglingsalter bis zum Ende der Pubertät, er unterscheidet hierbei insgesamt vier verschiedene und hierarchisch angeordnete Stadien der kognitiven Reifung (u.a. Sodian, 2008; Thomas & Feldmann, 2002).

Das sensumotorische Stadium (0-2 Jahre)
Ausgangspunkt des Lernens stellen zunächst die angeborenen Reflexe des Säuglings dar (u.a. Saugen, Greifen, Schauen), die zunehmend besser aufeinander abgestimmt ausgeführt werden und entsprechend häufiger auch als Reaktionen auf Reize aus der Umwelt auftreten. Der Säugling ist bereits in der Lage, Objekte wiederzuerkennen oder ihnen mit seinen Blicken zu folgen und nach ihnen zu greifen.

Beispiel aus der Praxis
Piagets Beobachtungen zur Objektpermanenz beim Spiel mit seinem Sohn Laurent: „Mit 7 Monaten und 28 Tagen halte ich ihm eine Klapper hinter einem Kissen hin. Solange er die Klapper sieht, und wenn es auch noch so wenig davon ist, versucht er, sie zu ergreifen. Wenn aber die Klapper völlig verschwindet, sucht er nicht mehr. Ich wiederhole den Versuch, wobei ich meine Hand als Abschirmung verwende. Laurent hält den Arm ausgestreckt und will gerade die Klapper ergreifen, als ich sie hinter meiner offenen Hand in 15 cm Distanz verschwinden lasse: Er zieht seinen Arm sofort zurück, als ob die Klapper nicht mehr existierte“.

2-11: Beispiel zu Objektpermanenz (n. Piaget, 1954, S. 39)

Zeigt man Kindern zu Beginn des sensumotorischen Stadiums ein Spielzeug, so folgen sie diesem mit ihren Blicken, ggf. versuchen sie auch, danach zu greifen. Verschwindet das Spielzeug nun aus deren Blickfeld, so werden sie zu Beginn des Entwicklungsstadiums nicht weiter danach suchen. Mit zunehmendem Alter verstärken sich allerdings die suchenden Blicke, bis Kinder schließlich beginnen, gezielt nach dem Spielzeug zu „fahnden“ - denn sie wissen jetzt, dass das Spielzeug weiterhin existiert, auch wenn es gerade nicht für sie visuell präsent ist. Die Kinder erwerben also eine kognitive Repräsentation des Objektes - diese Fähigkeit der mentalen Repräsentation von Gegenständen bezeichnet Piaget als *Objektpermanenz*. Nach ihm zeigen Kinder erst gegen

Ende des sensumotorischen Entwicklungsstadiums (also ab ca. zwei Jahren) eine deutliche Verbesserung ihrer sensorischen und motorischen Fähigkeiten und verfügen somit auch erst ab diesem Zeitpunkt über eine stabile Objektpermanenz.

Das präoperationale Stadium (ca. 2-7 Jahre)
Verlassen sich Kinder zu Beginn dieses Stadiums noch verstärkt auf das, was sie sehen, so lernen sie in diesem Stadium, dass Dinge ihr äußeres Aussehen wandeln können, ohne sich in ihrer Identität zu verändern (*qualitative Invarianz*). Auch gelingt ihnen die symbolische bzw. stellvertretende Nutzung von Gegenständen zunehmend besser. So kann etwa ein Stock im Spiel ein Schwert oder eine Banane einen Telefonhörer repräsentieren. Charakteristisch für diese Phase ist zudem, dass die Kinder noch nicht zu einem Perspektivenwechsel in der Lage sind, sie können sich also eine beobachtete Szene nicht aus einer anderen als ihrer eigenen Perspektive vorstellen (s. 2-12). Dieser *Egozentrismus* kennzeichnet die Schwierigkeit der Kinder, sich in eine andere Person hineinzuversetzen, was zur Folge hat, dass die Kommunikation von Kindern dieser Altersphase sehr häufig nebeneinanderher und nicht miteinander erfolgt.

Ein klassisches Experiment
Untersuchungsfrage Wie lässt sich der Egozentrismus von Kindern im präoperationalen Stadium untersuchen?
Methode In dem sog. Drei-Berge-Versuch hat das Kind ein dreidimensionales Modell vor sich (Tal mit drei Bergen, s. Abb.) und wird gefragt, was bspw. eine Puppe, welche an verschiedene Positionen des Bergmodells gesetzt wird, aus der jeweiligen Perspektive sieht. 

Ein klassisches Experiment
Ergebnisse Kinder im präoperationalen Stadium reagieren egozentrisch, denn sie können kein Bild auswählen, welches die Berg-Konstellation aus der Perspektive der Puppe zeigt. Stattdessen wählen sie immer die Perspektive aus, welche ihrem eigenen Standpunkt entspricht. In Piagets Versuchsaufbau konnten Kinder erst ab einem Alter von ca. sieben Jahren beschreiben, was die Puppe sieht (s.a. Berk, 2011).

2-12: Drei-Berge-Aufgabe (n. Piaget & Inhelder, 1956)

Das konkret-operationale Stadium (ca. 7-12 Jahre)

Im konkret-operationalen Stadium erwerben die Kinder eine Vorstellung von quantitativer Invarianz (s. 2-13). Sie bauen ihre mentalen Fähigkeiten zu weiteren Denkoperationen aus, dies vor allem hinsichtlich der Unveränderbarkeit von Größen und Mengen - auch im Falle der äußeren Veränderung bleiben die grundlegenden Eigenschaften von Objekten bestehen. Die Kinder sind ferner zunehmend in der Lage, beobachtete Prozesse kognitiv zu revidieren. Statt sich (wie in den bisherigen Stadien) in erster Linie auf sensumotorische oder visuelle Reize zu verlassen, stützen sie sich nunmehr verstärkt auf Begriffe. Abstraktes Denken bereitet ihnen jedoch immer noch Schwierigkeiten.

Ein klassisches Experiment
Untersuchungsfrage Wie können „Denkfehler" experimentell aufgezeigt und durch das Hinzufügen von Operationen beseitigt werden?
Methode Bei der „Umschüttaufgabe" zur quantitativen Invarianz von Flüssigkeiten wird Kindern demonstriert, wie eine Flüssigkeit in formgleiche Gläser gegossen wird (s. Abb.). Die Kinder erkennen also, dass in den beiden Gläsern die identische Flüssigkeitsmenge enthalten ist. Der Versuchsleiter gießt nun vor den Augen der Kinder die Flüssigkeit aus einem der beiden Gläser in ein höheres, schmaleres Glas und fragt sie, ob noch die identische Menge an Flüssigkeit in den Gläsern enthalten ist.

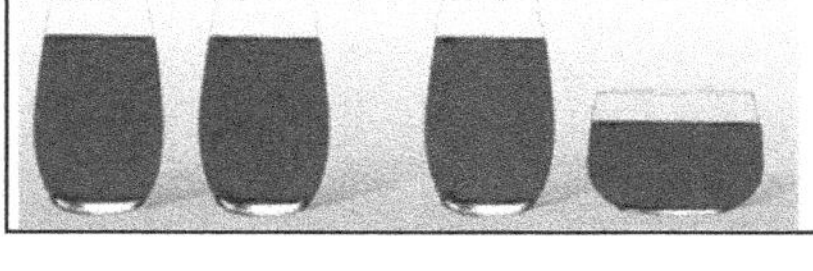

Ein klassisches Experiment
Ergebnisse Erst ab ca. sieben Jahren wissen Kinder, dass in beiden Gläsern die identische Flüssigkeitsmenge enthalten ist, sie beachten nämlich erst dann neben der Höhe auch die Breite des Glases als Entscheidungsgrundlage.

2-13: Umschüttversuch zum Invarianzkonzept (n. Piaget, 1952)

Das formal-operationale Stadium (ab ca. 13 Jahren)

Die Stufe des formal-operationalen Stadiums entwickelt sich im Jugendalter und bezieht sich auf die Entwicklung des abstrakten Denkens (s. 2-14): Ereignisse und Probleme werden nun systematisch untersucht, es wird möglich, über hypothetische Fragen nachzudenken, Schlussfolgerungen zu ziehen sowie über Wahrheit, Gerechtigkeit oder auch Moral tiefgründig und aus verschiedenen Perspektiven heraus zu reflektieren.

Ein klassisches Experiment
Untersuchungsfrage Wie lässt sich das systematische Experimentieren von Jugendlichen in der Adoleszenz überprüfen?
Methode Jugendliche wurden mit dem „Pendelproblem" konfrontiert. Ihnen wurde die Aufgabe gestellt, Bewegungen mit längeren oder kürzeren Schnüren resp. mit leichteren oder schwereren Gewichten zu vergleichen. Sie sollten den jeweiligen Einfluss von Gewicht, Schnurlänge oder Höhe des Loslassens für den Pendelvorgang herausfinden.

Ein klassisches Experiment
Ergebnisse Erst Kinder ab dem 12. Lebensjahr beginnen bei dieser Versuchsanordnung, systematische Untersuchungen zur Lösung der Aufgabe anzustellen. Sie überlegen, welche Variablen die Geschwindigkeit beeinflussen, mit der ein Pendel schwingt. Sie prüfen jede einzelne Variable, anschließend prüfen sie alle Variablen gemeinsam. Letztendlich folgern sie, dass lediglich die Länge der Schnur einen Einfluss auf die Geschwindigkeit haben kann, mit welcher das Pendel schwingt.

2-14: Pendelproblem n. Inhelder & Piaget (1958)

Schema

Ein weiteres wichtiges Konzept der kognitiven Entwicklung nach Piaget ist das Schema: Ein Schema bildet danach den Grundbaustein menschlichen Wissens, es handelt sich um hierarchisch organisierte Wissens- oder Verhaltensmuster. Ein Schema kann als eine Art Schablone für die automatisierte Ausführung bestimmter Handlungen dienen, ohne dass man bewusst über einzelne Schritte nachdenken muss (bspw. Schema „einkaufen", „sich hinlegen"). Dabei sind Schemata individuelle Kategorien, die sich von Mensch zu Mensch je nach Wissen und Erfahrung unterscheiden, wie nach bestimmten Regeln bestimmte Objekte oder Ereignisse zugeordnet werden. Piaget unterscheidet *Verhaltensschemata* (auch „Handlungsschemata" genannt, z.B. für Laufen, Backen usw.) von *kognitiven Schemata* (u.a. Schemata für Gegenstände, die nach deren Eigenschaften, Funktionen usw. aufgebaut sind, etwa „Stuhl").

Kognitive und Verhaltensschemata sind miteinander vernetzt: Wir wissen, dass Stühle andere Eigenschaften haben als Hocker, und wir verhalten uns beim Gebrauch dieser Gegenstände unterschiedlich. Schemata entwickeln sich durch Differenzierung des Wissens, über Assimilation und Akkomodation erfolgt eine Anpassung der Schemata an die Situation. Zusammengefasst kann man sich Schemata als eine Art Karteikartensystem vorstellen, in denen Eintragungen zu Gegenständen oder Situationen abgelegt werden, wie man sich diesen gegenüber zu verhalten hat („Keks: krümelt, vorsichtig zubeißen").

Kritische Würdigung des Ansatzes nach Piaget

Piagets Theorie hat im Rahmen der kognitiven Entwicklungsforschung unstrittig einen nach wie vor hohen Stellenwert, sein Ansatz ermöglicht einen wichtigen Einblick in die mentalen Veränderungen von Kindern und bildet das Fundament für eine Reihe nachfolgender Überlegungen und empirischer Studien. Besonders hervorzuheben ist zudem, dass Piaget die Aktivität des Kindes zu seiner eigenen Entwicklung herausstellt: „Zu den wichtigsten Stärken der Piaget´schen Theorie gehören ihr breiter Überblick über die Entwicklung, ihre attraktive Perspektive auf das Wesen des Kindes, ihr Einbezug verschiedener Aufgaben und Altersgruppen sowie unendlich faszinierende Beobachtungen“ (Siegler, DeLoache & Eisenberg, 2008, S. 201). Die wesentliche Kritik an seinen Annahmen ist nachfolgend dargestellt:

- Die Methodik ist sicherlich unzureichend, viele Experimente führte Piaget mit seinen eigenen Kindern durch. Folglich ist die Repräsentativität der gewonnenen Ergebnisse zweifelhaft (u.a. Kohlberg & Ullman, 1974). Hinzu kommt, dass die Art der Aufgabenstellung bei den Experimenten Einfluss auf den Erfolg der Kinder nimmt. Zudem wird die Methode des von Piaget für Kinder adaptierten klinischen Interviews wegen der zahlreichen Fehlerquellen kritisiert (mangelnde Objektivierbarkeit und Überprüfbarkeit der Aussagen der Probanden, Abhängigkeit von guter Sprachkompetenz, Tendenz zu sozial erwünschten Antworten usw.).
- Das Denken der Kinder wird recht konsistent dargestellt, spätere Untersuchungen haben aber aufgezeigt, dass dieses variabler ist, als Piaget postuliert; von daher erscheint die stadientypische Gesamtstruktur zweifelhaft (u.a. Montada, 2002).
- Piaget vernachlässigt in seiner Theorie die Entwicklungsprozesse nach der Adoleszenz, auch werden die Einflüsse aus der sozialen Umwelt auf die Entwicklung zu wenig in Rechnung gestellt (ebd.).
- Piaget vernachlässigt soziale Einflüsse der Entwicklung (Lernen durch Beobachtung, Belehrung, Anleitung usw.), indem er diese nicht systematisch untersuchte, obgleich er die Rolle sozialer Interaktion zur Auslösung von Äquilibration explizit anerkannte (ebd.).
- Wie sich in neueren Arbeiten zeigt, unterschätzt Piaget die kognitive Kompetenz von Säuglingen und Kindern: Zahlreiche neuere Studien konnten nachweisen, dass viele der von Piaget gestellten Probleme bzw. Aufgaben von Kindern korrekt gelöst werden, wenn sie altersgerecht formuliert werden (Berk, 2011; Siegler, DeLoache & Eisenberg, 2008).

- Es bleibt unklar, wie Kinder Änderungen in ihren Denkstrukturen erwerben und wie die Prozesse der Assimilation, Akkomodation und Äquilibration tatsächlich funktionieren (u.a. Trautner, 1997).

Reflexionsfragen

- Erläutern Sie das Äquilibrationsprinzip nach Piaget.
- Finden Sie praktische Beispiele für Akkomodation und Assimilation.
- Erläutern Sie das Stufenmodell der kognitiven Entwicklung nach Piaget.
- Welche kognitiven Merkmale kennzeichnen das präoperationale Stadium?
- Welche qualitativen Veränderungen kennzeichnen den Übergang vom präoperationalen zum konkret-operationalen Stadium?
- Ab welcher Stufe sind Kinder nach Piaget zur Perspektivübernahme fähig?
- Ab welcher Stufe beherrschen Kinder nach Piaget das Invarianzprinzip?
- Wie ist Piagets Theorie aus heutiger Forschungssicht zu bewerten? Welche Kritikpunkte sind zu nennen?

2.4.2 Die sozio-kulturelle Entwicklungstheorie nach Lew Wygotsky

Der sozio-kulturelle Ansatz nach dem russischen Psychologen Lew Wygotsky (auch in den Schreibweisen Wygotski, Vigotski oder Vygotskij zitiert) betont den *kulturellen Einfluss* auf die kognitive Entwicklung. Die sozialen Interaktionen zwischen Kindern und kompetenteren Älteren (Eltern, Lehrer, usw.) werden dabei als bedeutsamer Motor der Entwicklung betrachtet, neben dem kulturell vermittelten Wissen steht die kulturelle Schaffung von Bedeutung im Mittelpunkt dieser Theorie. Die Kräfte der Entwicklung werden bei Wygotsky im Gegensatz zu Piaget nicht primär im Organismus, sondern eher außerhalb dessen gesehen.

Wie viele andere Entwicklungspsychologen bedient sich auch Wygotsky eines Stufenmodells, wobei er den Fokus der von ihm beschriebenen kognitiven Entwicklung auf die *Sprachentwicklung* des Individuums legt (Wygotsky, 1934, 1987): Sprache als kulturell durch die Interaktion mit Erwachsenen vermitteltes Werkzeug ermöglicht seines Erachtens erst die Ausbildung höherer mentaler Funktionen und das Denken (s. Lefrançois, 2006). In seinem Modell unterscheidet er drei Entwicklungsstufen (s. 2-15).

Stufen der Sprachentwicklung	Funktion
soziales Sprechen (bis 3 Jahre)	• Kontrolle auf das Verhalten anderer ausüben, einfache Gedanken und Gefühle ausdrücken
egozentrisches Sprechen (3 bis 7 Jahre)	• Kontrolle des eigenen Verhaltens im Sinne von Selbstinstruktion, oftmals laut ausgesprochen
inneres Sprechen (ab 7 Jahren)	• lautloses, inneres Selbstgespräch zum Lenken von Denken und Verhalten • vermutlich an allen höheren mentalen Funktionen beteiligt

2-15: Stufen der Sprachentwicklung (n. Wygotsky, mod. n. Lefrançois, 2006, S. 226)

Ein Grund für die heute u.a. im pädagogischen Kontext anzutreffende Aktualität der Theorie Wygotskys ist im Konzept der *Zone proximalen Wachstums* begründet. Dabei handelt es sich um eine Art des Potenzials für die Entwicklung: Unter kompetenter Anleitung entwickelt ein Kind neue Fähigkeiten und Kompetenzen, die es zunehmend auch ohne Unterstützung ausführen kann. Aufgabe von Eltern und Pädagogen ist es demnach, die Interaktionen derart zu gestalten, dass Kinder Aktivitäten ausführen, die genau in dieser Zone proximalen Wachstums liegen. Für die Lehrer-Schüler-Beziehung leitet sich hieraus das *Scaffolding* (Gerüstbau) ab - eine partizipative Anleitung und Unterstützung durch kompetentere Interaktionspartner (Eltern, Lehrer usw.), die es Kindern ermöglicht, Aufgaben zu bewältigen, die ohne diese Unterstützung knapp außerhalb ihrer Fähigkeiten lägen, die sie aber zunehmend selbstständig meistern können (s. u.a. Lefrançois, 2006). Eine weitere pädagogische Anwendung der sozio-kulturellen Entwicklungstheorie ist das *Gruppenpuzzle*, bei dem in wechselnden Zusammensetzungen von Arbeitsgruppen jeder Lernende Experte für ein Thema ist. Zur erfolgreichen Bearbeitung der Aufgabe ist die Bildung von kooperativen Lerngemeinschaften unerlässlich, es wird auf diese Weise eine soziale Kultur des Lernens geschaffen (Siegler, DeLoache & Eisenberg, 2008).

Kritische Würdigung der sozio-kulturellen Entwicklungstheorie

Neben Piaget kann Wygotsky als zweite wichtige Forscherpersönlichkeit der kognitiven Entwicklungspsychologie des 20. Jahrhunderts angesehen werden. Im Gegensatz zu Piaget betont Wygotsky den hohen sozio-kulturell vermittelten Anteil kognitiver Fähigkeiten im Entwicklungsprozess, er eröffnet damit den Blick auf die hohe Bedeutung und Verantwortung von Pädagogen und Eltern, die als Unterstützer des Entwicklungsprozesses Einfluss ausüben - ein im aktuellen Diskurs der Pädagogik hochrelevanter Aspekt (s. etwa Berk, 2011; Lefrançois, 2006). Kritisch anzumerken ist, dass Wygotsky Entwicklungskomponenten der motorischen Fähigkeiten, des Gedächtnisses sowie der Wahrnehmung und der Aufmerksamkeit weniger Beachtung schenkt, deren Bedeutung für den Entwicklungsprozess in seiner Theorie unterrepräsentiert ist. Ferner ist fraglich, ob Sprache tatsächlich den Status einer von Wygotsky unterstellten „conditio sine qua non" für kognitive Entwicklung darstellt (Berk, 2011); der Nachweis, dass Kategorienbildung bei vorsprachlichen Kindern zu beobachten ist, wurde u.a. von Pauen (2002) erbracht. Wenngleich der Ansatz Wygotskys von einigen als vorwiegend exogenistische Entwicklungstheorie eingestuft wird, betont dieser Ansatz aber gerade die Rolle der Interaktion zwischen Individuum und Umwelt für die Entwicklung. Er kann somit als Vorläufer einer interaktionistischen Theorie betrachtet werden, wenngleich Wygotsky selbst diese Terminologie nicht verwendete.

Reflexionsfragen

- Erläutern Sie den sozio-kulturellen Ansatz der kognitiven Entwicklung nach Wygotsky.
- Benennen Sie die drei Stufen der Sprachentwicklung nach Wygotsky. Welche Bedeutung misst Wygotsky der Sprachentwicklung bei?
- Erläutern Sie Gründe, warum Wygotskys Ansatz in der pädagogischen Praxis heute (wieder) Aktualität besitzt.
- Beschreiben Sie die Konzepte „Zone proximalen Wachstums" und „Scaffolding".
- Inwiefern ist Wygotskys Entwicklungstheorie als exogenistisch, inwiefern als interaktionistisch zu betrachten?

2.4.3 Neuere Ansätze der kognitiven Entwicklung: Domänenspezifischer Wissenserwerb

In neueren Ansätzen zur domänenspezifischen Entwicklung wird davon ausgegangen, dass die kognitive Entwicklung nicht gleichförmig und bereichsübergreifend erfolgt (wie etwa bei Piaget angenommen), sondern durchaus bereichsspezifisch unterschiedlich verlaufen kann. Es lassen sich dementsprechend *privilegierte Wissensdomänen* identifizieren, in denen bereits im frühen Entwicklungsverlauf intuitive Kernwissensbestände nachweisbar sind (u.a. physikalisches Wissen, biologisches Wissen, Zahlenwissen, psychologisches Wissen; s. Lohaus, Vierhaus & Maas, 2010; Sodian, 2008). So zeigen bereits fünf Monate alte Säuglinge eine Überraschungsreaktion, wenn sie hinter einer Abdeckung nur ein Objekt vorfinden, obwohl sie aufgrund der Beobachtung, dass der Testleiter hinter der Abdeckung ein zweites Objekt platziert hatte, zwei Objekte erwartet hätten (Wynn, 1992; zit. n. Berk, 2011). In diesen Ansätzen wird also davon ausgegangen, dass es eine endogene Basis für den bereichsspezifischen Wissenserwerb gibt, in dem in alltäglichen Interaktionen mit der Umwelt intuitiv Wissensbestände erworben werden. Diese Annahme impliziert, dass die kognitive Entwicklung bereichsspezifisch differenziell zu betrachten ist - im Gegensatz etwa zur Annahme eines uniformen Stadienkonzeptes bei Piaget. Diese Erkenntnisse finden in der entwicklungspsychologischen Grundlagenforschung und neuerdings auch in der frühpädagogischen Praxis zunehmend Beachtung, etwa im Zuge entwicklungsfördernder Umweltbedingungen oder der Gestaltungen von Erwachsenen-Kind-Interaktionen.

2.4.4 Die Entwicklung des moralischen Urteils nach Kohlberg

Lawrence Kohlberg beschäftigte sich in seiner Theorie mit der Frage, welche gesellschaftlichen *Werte und Normen* für das Individuum handlungsleitend sind. Seine Überlegungen basieren dabei stark auf dem kognitiven Ansatz Piagets, Kohlberg sieht insofern die Entwicklung des moralischen Denkens und Urteilens von Kindern in Abhängigkeit ihrer geistigen Möglichkeiten. Dies bedeutet jedoch im Umkehrschluss nicht, dass entsprechende kognitive Entwicklungsstadien zwangsläufig mit spezifischen Stufen des moralischen Urteilens verbunden sind - sie stellen von daher „nur“ notwendige, keineswegs aber hinreichende Voraussetzungen für die jeweiligen Urteilsformen dar. Der Entwicklungsprozess wurde von Kohlberg mithilfe von *Dilemma-Situationen* untersucht, bei denen Menschen sich in einem schwierigen Abwägungs- und Entscheidungsprozess befinden (s. 2-16).

Ein klassisches Experiment
Das „Heinz-Dilemma" „Irgendwo in Europa stand eine krebskranke Frau kurz vor dem Tode. Es gab ein Medikament, das sie hätte retten können, eine Radiumverbindung, die ein Apotheker in jener Stadt vor kurzem entdeckt hatte. Der Apotheker verlangte dafür 2 000 Dollar, das Zehnfache dessen, was ihn die Herstellung des Medikaments kostete. Der Mann der kranken Frau, Heinz, bat alle seine Bekannten, ihm Geld zu borgen, aber er konnte nur etwa die Hälfte des Preises zusammenbringen. Er sagte dem Apotheker, dass seine Frau im Sterben liege, und bat ihn, ihm das Medikament billiger zu verkaufen oder ihn später bezahlen zu lassen. Aber der Apotheker sagte „Nein". In seiner Verzweiflung brach der Ehemann in die Apotheke ein und stahl das Medikament für seine Frau. Sollte er das tun? Warum?"

2-16: Dilemma-Situation n. Kohlberg (zit. n. Kohlberg & Ullmann, 1974, S. 66)

Kohlberg interessierte sich nun in seinen empirischen Untersuchungen zum moralischen Urteil nicht in erster Linie für die abschließende Bewertung des Verhaltens, sondern vor allem für die Kognitionen, welche die moralische Korrektheit einer Handlung begründen. Aus den gewonnenen empirischen Daten ist sein Stufenmodell des moralischen Handelns abgeleitet (Colby & Kohlberg, 1987; Kohlberg & Ullmann, 1974; s.a. 2-17, 2-18). Als Kriterium dafür, auf welcher Stufe des moralischen Urteils sich eine Person befindet, wird also die Art und Weise der Argumentation (und die damit verbundenen Denkstrukturen) im Zuge der Beurteilung eines Verhaltens herangezogen. Insofern berücksichtigt seine kognitive Theorie die entwicklungsbedingt differenten mentalen Möglichkeiten für die moralische Einordnung beobachteter Handlungen.

Ebenen der Moralentwicklung nach Kohlberg	**Beschreibung**
präkonventionell (mit ca. 10 Jahren) im Alterstrend: 80,9% Stufe 1-2 29,1% Stufe 2-3 0% Stufe 3-4 0% Stufe 4-5	*Das moralische Urteil ist selbstbezogen, also durch die Erwartung potenzieller eigener Vor- und Nachteile geprägt.* Stufe 1 (blinder Gehorsam gegenüber Autoritäten) Im Vordergrund steht Belohnungserhalt und Bestrafungsvermeidung - entscheidend ist also nicht, ob eine Handlung gut oder böse ist, sondern vielmehr, welche objektivierbaren Konsequenzen eine Handlung für die eigene Person besitzt. Moralische Einschätzungen variieren in Abhängigkeit der konkreten Situation sehr stark. Stufe 2 (Eigeninteresse) Kosten-Nutzen-Faktoren kommen zusätzlich ins Spiel, dabei ist es möglich, auch die Interessen anderer Personen zu berücksichtigen, doch geschieht dies vor allem, um selbst Vorteile zu erlangen („eine Hand wäscht die andere").
konventionell (mit ca. 20 Jahren) im Alterstrend: 0% Stufe 1-2 40,7% Stufe 2-3 59,4% Stufe 3-4 0% Stufe 4-5	*Moralisches Denken und Handeln ist an den geltenden sozialen Werten und Normen ausgerichtet, die Perspektive der Gesellschaftsmitglieder wird für das eigene Urteil berücksichtigt.* Stufe 3 (Anpassung, um Anerkennung zu bekommen) Zunächst erfolgt die Orientierung an den erworbenen Rollenmustern in Familie und Freundeskreis, vor allem gute Absicht und Konformität werden positiv bewertet. Stufe 4 (gesellschaftliche Pflichterfüllung) Rechtspositivismus (Halten an Regeln und Gesetze); seine gesellschaftliche Pflicht zu erfüllen, wird zum obersten moralischen Prinzip erhoben.

Ebenen der Moralentwicklung nach Kohlberg	Beschreibung
postkonventionell (mit ca. 36 Jahren) im Alterstrend: 0% Stufe 1-2 0% Stufe 2-3 88,8% Stufe 3-4 11,1% Stufe 4-5	*Es erfolgt eine Relativierung des Rechtspositivismus. Nicht alles, was Gesetz ist, muss auch Recht sein.* Stufe 5 (Interessenwahrung der Gruppe) Kognitionen sind an Idealen und universellen Werten orientiert, die durchaus dem gültigen Recht widersprechen können; Konflikte sind möglich. Stufe 6 (Orientierung an universellen Prinzipien) Eine Entscheidung wird unter Berücksichtigung aller Perspektiven und Ansprüche in einer Dilemma-Situation gefällt, das moralische Urteil richtet sich an ideellen, universellen Werten aus.

2-17: Stufen der Moralentwicklung (n. Colby, Kohlberg, Gibbs & Liebermann, 1983)

Kohlberg unterscheidet in seinem Modell qualitativ unterschiedliche Entwicklungsstufen, die er als diskontinuierlich und hierarchisch beschreibt. Vor dem Hintergrund seiner Arbeiten kristallisierten sich drei Ebenen moralischen Urteilens heraus (präkonventionelles, konventionelles und postkonventionelles Niveau), die wiederum jeweils zwei Stufen moralischen Urteilens integrieren. Die Stufenfolge wird von allen Menschen in der gleichen Reihenfolge durchlaufen, jedoch wird die höchste Entwicklungsstufe von Individuen so selten erreicht, dass viele Theoretiker sie inzwischen nicht mehr explizit aufführen.

Beispiel aus der Praxis
„Die Amtszeit von Herrn B. als Gouverneur ging dem Ende zu; seine Frau Beth lag mit Knochenkrebs im Sterben. Getrieben vom Leid seiner Frau benutzte der Arzt und Politiker nicht zugelassene Medikamente, um ihre Schmerzen zu lindern. Herr B. ging ihre Schmerzen mit einem industriellen Lösungsmittel an, milderte ihre, von der Chemotherapie rührende, Übelkeit mit einem Marihuanaextrakt und versuchte, sie mit einer illegal aus Frankreich importierten Knochenarznei zu heilen. Beth hatte während der letzten Monate unter quälenden Schmerzen gelitten, ehe sie am 1. Januar starb. Herr B. sagte, er habe zu illegalen Medikamenten Zuflucht genommen,

Beispiel aus der Praxis
damit seine Frau - und er selbst - mit dem Schmerz leben konnten …" (Bourne & Ekstrand, 2001, S. 343).

2-18: Beispiel für einen Rückfall auf eine niedrigere Stufe moralischen Urteils

Weiterhin räumt Kohlberg die Möglichkeit ein, dass das moralische Urteil (insbesondere situationsspezifisch im Falle hoher emotionaler Invol-viertheit) auf niedrigere Stufen zurückfallen kann, ein einmal erreichtes Niveau also durchaus nicht in allen Situationen repräsentiert wird (s. 2-18). Die empirischen Befunde Kohlbergs deuten zudem darauf hin, dass Menschen mit ausgeprägten kognitiven Fähigkeiten, bzw. einer hohen Fähigkeit zur Perspektivenübernahme, moralische Urteile auf einem höheren Niveau abgeben (s. Montada, 2002).

Beispiel aus der Praxis	
Peter und sein Freund Fritz sehen eine neue CD ihres Lieblingsmusikers, doch keiner hat ausreichend Geld, um diese CD kaufen zu können. In der Schule entdeckt Peter während einer Pause, dass sein Lieblingslehrer sein Portmonee auf seinem Schreibtisch liegen gelassen hat. Soll er sich etwas Geld daraus nehmen, um sich die CD kaufen zu können?	
Stufen des moralischen Urteils	**Beschreibung**
Stufe 1: Orientierung an Bestrafung und Belohnung	• Peter sollte das Geld nicht nehmen, da eine Bestrafung zu erwarten ist.
Stufe 2: naiv-instrumentelle Orientierung	• Nach einer Kosten-Nutzen-Abwägung, wie risikoreich der Diebstahl wäre und wie wahrscheinlich eine Bestrafung ist, würde sich Peter für oder gegen den Diebstahl entscheiden.
Stufe 3: Orientierung an der Gruppe	• Über einen Diebstahl wären sowohl sein Freund Fritz als auch sein Lieblingslehrer sehr enttäuscht, weshalb er davon absieht.

Stufen des moralischen Urteils	Beschreibung
Stufe 4: Orientierung an übergreifenden gesellschaftlichen Werten und Normen	• Da es Gesetze gibt, welche den Diebstahl untersagen und durch das Eigentumsrecht begründet werden, sollte der Diebstahl unterbleiben.
Stufen 5 / 6: Orientierung an universellen ethischen Prinzipien	• Es gibt universelle Menschenrechte, die höher stehen mögen als einzelne gesetzliche Regelungen. Der mit der CD verbundene Lustgewinn ist jedoch keineswegs höher zu bewerten als das individuelle Eigentumsrecht, daher sollte der Diebstahl unterbleiben.

2-19: Beispiele zu den verschiedenen Stufen des moralischen Urteils nach Kohlberg

Kritische Würdigung des Ansatzes zur Entwicklung des moralischen Urteils
Kohlberg hat mit seinen Überlegungen einen wichtigen und häufig rezipierten Beitrag zur Entwicklungspsychologie geleistet. In Erweiterung der Arbeiten Piagets hat er die Merkmale moralischen Urteilens ausdifferenziert, die diesbezügliche Entwicklung über das Kindesalter hinaus betrachtet und methodisch erheblich umfänglicher gearbeitet, bspw. mittels längsschnittlicher und kulturvergleichender Daten (Trautner, 1997). Auch in späteren Längsschnittstudien ließen sich seine zentralen Annahmen bestätigen (Dawson, 2002). Die mit Kohlbergs Ansatz verbundenen Kritikpunkte lassen sich im Wesentlichen wie folgt zusammenfassen:

- Ob sich die Moralentwicklung auf einer inter- und intraindividuell invarianten und homogenen Dimension vollzieht, muss bezweifelt werden, ist andererseits empirisch jedoch noch nicht falsifiziert (Miller, 1994).
- In Situationen des realen Lebens ist die Theorie nur sehr bedingt brauchbar, denn tatsächliche Ereignisse im Alltag sind meist deutlich komplexer als die sorgfältig konstruierten Geschichten. Dies erschwert das Zustandekommen einer gleichermaßen moralisch begründeten und umsetzbaren Entscheidung, zudem werden intervenierende Variablen (etwa die Rolle von Vorbildern) vernachlässigt (Flammer, 1996).

- Die Anordnung und Bewertung der einzelnen Stufen variiert offenbar von Kultur zu Kultur, das Konzept kann also keine universelle Gültigkeit beanspruchen (Miller, 1994).
- Die Korrelationen zwischen den diversen Stufen des moralischen Urteils im Sinne Kohlbergs und dem konkreten praktischen Handeln ist äußerst gering (Kohlberg, Althof, Noam & Oser, 1995).
- Die Theorie wurde im Wesentlichen aufgrund von Interviews mit männlichen Versuchspersonen generiert, weshalb keine Repräsentativität beansprucht werden kann. Allerdings deuten Anschlussstudien durchaus auf Universalität hin (Gilligan, 1982).

Reflexionsfragen
• Erläutern Sie das Stufenmodell der moralischen Entwicklung nach Kohlberg anhand der „Heinz-Dilemma-Situation".   • Welche qualitativen Veränderungen vollziehen sich von der präkonventionellen zur konventionellen Stufe?   • Vergleichen Sie die Stufenmodelle von Piaget und Kohlberg. Welche schematischen Gemeinsamkeiten, und welche Unterschiede weisen diese auf?   • Wie ist Kohlbergs Theorie zur Entwicklung des moralischen Urteils aus heutiger Forschungsperspektive zu bewerten? Welche Kritikpunkte sind zu nennen?

2.5 Entwicklungen in einzelnen Lebensabschnitten – Soziale Beziehungen und Entwicklungsaufgaben

Lernziele

... zentrale bindungstheoretische Annahmen kennenzulernen
... die Bedeutung früher Bindungserfahrungen auf weitere Entwicklungsverläufe nach-vollziehen zu können
... die Entwicklung sozialer Beziehungen zu verstehen
... einen Einblick in wesentliche Entwicklungsaufgaben im Jugendalter sowie im mittleren und höheren Erwachsenenalter zu gewinnen
... sich mit Theorien positiven Alterns auseinandersetzen zu können

2.5.1 Das Kindesalter

Wichtige Vertreter
Mary Ainsworth (1913-1999)
John Bowlby (1907-1990)
Harry Harlow (1905-1981)
Jean Piaget (1896-1980)
René A. Spitz (1887-1974)

Literatur im Überblick
Bowlby, J. (2008). Bindung als sichere Basis: Grundlagen und Anwendungen der Bindungstheorie. München: Reinhardt.
Bowlby, J. (2005). Frühe Bindung und kindliche Entwicklung (5. Aufl.). München: Reinhardt.
Grossmann, K.E. & Grossmann, K. (Hrsg.). (2009). Bindung und menschliche Entwicklung: John Bowlby, Mary Ainsworth und die Grundlagen der Bindungstheorie (2. Aufl.). Stuttgart: Klett-Cotta.
Siegler, R., DeLoache, J. & Eisenberg, N. (2008). Entwicklungspsychologie im Kindes- und Jugendalter (2. Aufl.). München: Spektrum.

Das Kindesalter umfasst eine Entwicklungsperiode, „in dem das Kind bestimmte Aufgaben zu bewältigen hat, aber von der Verantwortung der Erwachsenen befreit bleibt. [...] Das Kind befindet sich noch in allen wesentlichen Lebensfragen und bezüglich seiner Entscheidungen in vollkommener

Abhängigkeit vom Erwachsenen" (Oerter, 2008, S. 225), wobei dieses Verhältnis für beide Seiten selbstverständlich ist.

Bindungsverhalten

Bowlbys Bindungstheorie wird von dem Gedanken geleitet, dass frühkindliche Beziehungen einen erheblichen Einfluss auf die zukünftige Persönlichkeitswerdung von Kindern haben. Allein eine Versorgung der physischen Grundbedürfnisse ist demnach keineswegs ausreichend für eine gesunde Entwicklung, da der Mensch grundsätzlich biologisch darauf vorbereitet ist, soziale Bindungen einzugehen.

Mit Blick auf das Bindungsverhalten durchlaufen Kinder bis zu ihrem zweiten Lebensjahr vier verschiedene Phasen: Vorbindungsphase, Bindungsbeginn, Bindungsphase, Differenzierungs- und Integrierungsphase. Im Falle einer erfolgreichen Bewältigung dieser Phasen wird eine andauernde Bindung zu primären Bezugspersonen aufgebaut, andernfalls entwickeln sich sog. unsichere Bindungen. In klassischen Experimenten zum Bindungsverhalten wird typischerweise die Mutter als Bezugsperson gewählt; jedoch weisen neuere Ergebnisse aus dynamisch-interaktionaler Perspektive (u.a. aus der Resilienzforschung, s. hierzu bspw. Lösel, Bender & Jehle, 2007) darauf hin, dass intensive Bindungen ebenso zu anderen Bezugspersonen wie dem Vater, den Großeltern oder anderen Dritten sowie Mehrfachbindungen zu verschiedenen Personen möglich sind. Im Zuge des Bindungsprozesses entwickeln Kinder interne Arbeitsmodelle, die kognitive und affektive Komponenten, bewusstes und unbewusstes Wissen über Bindungserfahrungen sowie schließlich Vorstellungen und Erwartungen über die Vertrauenswürdigkeit der Umwelt und über die Liebenswürdigkeit der eigenen Person beinhalten. Die Operationalisierbarkeit von Bindungsstilen geht auf ein Forscherteam um Mary Ainsworth - einer ehemaligen Studentin Bowlbys - zurück, das mit der Entwicklung des Fremde-Situations-Test (Ainsworth, Blehar, Waters & Wall, 1978) ermöglicht hat, das Bindungsverhalten 12-18 Monate alter Kinder zu beobachten (nachstehend wird das von Ainsworth beschriebene Verhalten sicher und unsicher gebundener Kinder als Ergebnisse dieses Tests gezeigt, wobei hinsichtlich einer unsicheren Bindung zwischen drei Subtypen differenziert wird).

In dem *Fremde-Situations-Test* werden die Kinder unter standardisierten Bedingungen in einer Laborumgebung von ihrer Mutter kurzfristig getrennt und mit einer fremden Frau in einem Raum zurückgelassen, beobachtet wird das Verhalten des Kindes bei Trennungs- und Wiedervereinigungsmomenten. Aus den verschiedenen Reaktionen der Kinder werden diverse Bindungstypen abgeleitet (s. 2-20).

Bindungstypen nach Ainsworth	Beschreibung
sicher gebunden	• Kinder zeigen eine eindeutige, qualitativ hochwertige Beziehung zu ihrer jeweiligen Bezugsperson: negative Reaktion (bspw. weinen), sobald die Bezugsperson den Raum verlässt; Freude, sobald die diese in der Nähe ist oder den Raum betritt • sie nutzen die Bezugsperson als sichere Basis für die Erkundung ihrer sozialen Umwelt
unsicher gebunden	• Kinder zeigen eine deutlich schlechtere Bindung zu ihrer jeweiligen Bezugsperson
unsicher-ambivalent	• sehr starkes Klammern an der Bezugsperson und permanente Suche von deren Nähe • bei Trennung von Bezugsperson wütendes bis aggressives Verhalten; keine beruhigende Wirkung durch fremde Personen möglich • bei Wiederkehr der Bezugsperson keine Freude, sondern ambivalentes Verhalten
unsicher-vermeidend	• geringe Beunruhigung bei Trennung kaum Kummer • Vermeiden von Nähe und Interaktion bei Wiederkehr der Bezugsperson; ähnliches Verhalten gegenüber fremden wie gegenüber Bezugsperson
desorganisiert	• ebenso durch fremde Personen zu beruhigen wie von der Bezugsperson • kein eindeutiges, zum Teil widersprüchliches Verhaltensmuster, das Kind wirkt desorientiert

2-20: Bindungstypen (n. Ainsworth, Blehar, Waters & Wall, 1978)

Auf der Basis einer sicheren Bindung entdecken Kinder also ihre Umwelt und erweitern auf diese Weise ihre Kompetenzen, sie können in unsicheren Situationen ja schließlich stets in einen geschützten Raum zurückkehren. Bindungsverhalten und kindliches Explorationsverhalten stehen also in einem engen Zusammenhang. Die sich entfaltende Eigenständigkeit von Kindern wird also angesichts einer sicheren Bindung zu deren Bezugspersonen möglich, sie ist nicht das Ergebnis erzwungener Unabhängigkeit oder Beziehungslosigkeit (Grossmann & Grossmann, 1995).

Gloger-Tippelt, Vetter & Rauh (2000) untersuchten die Verteilung des Bindungsverhaltens von Kindern in Deutschland und kommen zu dem Ergebnis, dass fast die Hälfte aller Kinder in Deutschland (45%) als sicher gebunden, jedoch rund 35% als unsicher gebunden beschrieben werden müssen (s. 2-21).

Bindungstyp	**Anteil der Kinder**
sicher gebunden	45%
vermeidend gebunden	28%
ambivalent gebunden	7%

2-21: Prozentuale Verteilung der Bindungstypen deutscher Kinder (n. Gloger-Tippelt, Vetter & Rauh, 2000)

Allerdings unterscheiden sich die kindlichen Bindungsmuster von Kultur zu Kultur. Bei US-amerikanischen Kindern tritt etwa der unsicher-vermeidende Bindungstyp signifikant geringer auf als bei deutschen Kindern, deren Eltern bspw. mehr Wert auf Unabhängigkeit legen und von daher ihre Kinder nicht darin bestärken, zu klammern (s. bereits van Ijzendoorn & Kroonenberg, 1988). Säuglinge im westafrikanischen Mali weisen hingegen keine unsicher-vermeidenden Bindungen zu ihren Müttern auf; die Mütter tragen ihre Kinder stetig am Körper und können die kindlichen Bedürfnisse somit nahezu jederzeit und umgehend befriedigen (McMahan True, Pisani & Oumar, 2001). Japanische Säuglinge zeigen wiederum eher unsicher-ambivalente als unsicher-vermeidende Bindungen, eine mögliche Begründung hierfür könnte sein, dass Gemeinschaftsgefühl und familiärer Zusammenhalt in dieser Kultur als besondere Werte gesehen werden und Ambivalenz die emotionale Orientierung an der Bezugsperson fördert. Außerdem betrachten japanische Eltern das gesteigerte Aufmerksamkeitsbedürfnis ihrer Säuglinge, welches u.a. auch als Kennzeichen der unsicher-ambivalenten Bindung gilt, als normales Zeichen der Abhängigkeit (Berk, 2011). Bei der Interpretation empirischer Befunde sind also stets die spezifischen Werte und Erziehungsvorstellungen innerhalb der jeweiligen Kultur zu beachten. Ungeachtet solcher kulturellen Unterschiede ist die sichere Bindung jedoch bisher in allen untersuchten Gesellschaften als häufigstes Bindungsmuster identifiziert worden (ebd.).

Voraussetzungen und Stellenwert sicherer Bindung

Die Feinfühligkeit der Bezugsperson stellt eine wichtige Variable zum Aufbau einer sicheren Bindung dar: Feinfühlige Bezugspersonen beobachten das Befinden ihrer Kinder und können von daher deren Äußerungen angemessen interpretieren bzw. deren Wünsche von ihren eigenen Bedürfnissen trennen. Diese Bezugspersonen bringen ihre Pläne mit den kindlichen Bedürfnissen in Einklang, sie reagieren kontinuierlich auf diese, sodass Kinder folglich eine Verbindung zwischen dem eigenen Verhalten und der evozierten Reaktion herzustellen vermögen. Unsicher-ambivalent gebundene Kinder haben in ihrer frühen Kindheit unbeständiges Verhalten seitens ihrer Bezugsperson erfahren (s. Spangler & Zimmermann, 2009). Oftmals geben sich die Bezugspersonen in ihrem Verhalten den Kindern gegenüber gleichgültig, sie sind emotional eher verarmt und weisen den Wunsch nach körperlicher Nähe der Kinder von sich.

Ferner gehen sichere Bindungsbeziehungen mit dem Erleben von unbedingter Wertschätzung einher - die Erfahrung, von anderen wertgeschätzt zu werden, gilt als notwendige Bedingung für ein positives Selbstkonzept und psychische Gesundheit (s. bereits Deci & Ryan, 1985; Rogers, 1959). Im Falle der einseitigen Kopplung erfahrener Wertschätzung an bestimmte Bedingungen (etwa Leistungserfolg, Beachtung elterlicher Regeln) fällt der Aufbau sicherer Bindungsbeziehungen schwer, da die uneingeschränkte Sicherheit bzw. Unterstützung fraglich scheint (s. Coopersmith, 1967; zit. n. Pervin, 2000).

Eine früh erfahrene sichere Bindungsqualität wirkt sich mittelfristig günstig auf das prosoziale Verhalten von Kindern aus, ebenso wird die Aggressionsdichte gegenüber Peers verringert (Pianta & Stuhlmann, 2002). Verhaltensprobleme und belastete Beziehungen können sich (insbesondere bei Jungen) auf den späteren Schulerfolg auswirken: Die Fähigkeit, stabile Beziehungen zu Lehrkräften eingehen zu können, besitzt einen höheren prädiktiven Wert für den Schulerfolg als kognitive Fähigkeitsvariablen (Pianta & Hamre, 2001). Pianta, Steinberg & Rollins (1995) sprechen in diesem Zusammenhang von einem *passive prevention effect for child-teacher-relationships*: Kinder mit negativen sozio-emotionalen Beziehungen zu ihren Erziehern und Lehrkräften weisen mit höherer Wahrscheinlichkeit auch im weiteren Verlauf ihrer Schulkarriere belastete Beziehungen zu Erwachsenen auf.

Entwicklung sozialer Beziehungen
Das Geselligkeitsbedürfnis (Affiliationsbedürfnis) von Menschen lässt sich schon im frühen Kindesalter beobachten. Dabei können Kinder umso besser mit Gleichaltrigen interagieren, je ausgeprägter ihre kommunikativen Fähigkeiten sind und je größer das Einfühlungsvermögen für Gefühle und Gedanken ausgebildet ist. Mildred Parten (1932) untersuchte anhand des kindlichen Spiels Aktivität und soziale Interaktion, deren Komplexität und Bedeutung mit fortschreitendem Alter zunimmt. In späteren Replikationsstudien zeigte sich, dass die Spielkategorien in der von Parten vorgeschlagenen Reihenfolge entstehen, die sich später entwickelnden Formen die früheren jedoch nicht ersetzen (Berk, 2011). Sämtliche Spielarten koexistieren also in der frühen Kindheit (s. 2-22).

Spielform	**Beschreibung**
nichtsoziale Aktivität, Alleinspiel	• Kinder sind in einer unbeteiligten Zuschauerrolle bzw. spielen für sich allein
Parallelspiel	• Kinder spielen mit ähnlichen Materialien nebeneinander her, nehmen aber keinen Einfluss aufeinander
verbundenes und kooperatives Spiel	• Spielzeug wird untereinander ausgetauscht, und das Handeln der anderen Kinder wird kommentiert • es werden gemeinsame Spielziele entworfen, etwa das gemeinsame Bauen einer Burg im Sandkasten

2-22: Spielformen (n. Parten, 1932)

Als Folge der sozialen Interaktion mit anderen Kindern etablieren sich die ersten Freundschaften, wobei diese im frühen Kindesalter eher durch das lustvolle gemeinsame Spiel oder das Teilen von Spielzeug, weniger durch tiefe Verbundenheit geprägt sind. So mögen Nachbarskinder an einem Tag die „besten Freunde“ und am nächsten Tag „überhaupt keine Freunde“ mehr sein (bspw. nach einem Streit). Freunde bieten Kindern soziale Unterstützung, dementsprechend fällt es ihnen in fremden Umgebungen auch leichter, Kontakte zu knüpfen, wenn sie etwa mit ihren Freunden in den Kindergarten gehen (s. Ladd, Birch & Buhs, 1999; zit. n. Berk, 2011).

Selman & Byrne (1974) und Selman (1980) haben für Kinder unterschiedliche Niveaustufen von Freundschaftsbeziehungen beschrieben (s. 2-23). In ähnlicher Weise wie bei Parten (1932) lässt sich auch hier mit fortschreitendem Alter eine zunehmende Komplexität, ein reiferer Umgang mit den Freunden und eine differenziertere Perspektive erkennen.

Bei der Funktion von Freundschaften lassen sich zum Ende der Grundschulzeit geschlechtstypische Effekte dahingehend feststellen, dass Mädchen ihre Freundschaften vergleichsweise häufiger als eng erleben - es werden vermehrt Vertraulichkeiten ausgetauscht, und es wird das Gefühl vermittelt, die andere Person sei etwas Wichtiges und Besonderes. Ebenso werden aber auch Streitigkeiten als intensiver erlebt, wobei Mädchen in diesem Zusammenhang allerdings weniger Schwierigkeiten haben, Konflikte mit Freundinnen zu besprechen und sie demzufolge auch zu lösen (Siegler, DeLoache & Eisenberg, 2008).

Niveaustufen	**Beschreibung**
Stufe 0 (4.-6. Lebensjahr)	• physische und funktionale Ähnlichkeiten werden als Eigenschaften einer Person genannt, die ein guter Freund sein könnte (undifferenzierte und egozentrische Perspektivübernahme)
Stufe 1 (6.-8. Lebensjahr)	• Freunde werden als wichtig angesehen, weil sie bestimmte äußere Handlungen übernehmen und ausführen, welche dem eigenen Selbst dienlich sind und diesem gerecht werden (enge Freundschaften als einseitige Hilfestellung, sozial-informationsbezogene Perspektivenübernahme)
Stufe 2 (8.-10. Lebensjahr)	• Freundschaften werden als wichtig empfunden, weil Kinder nun der Überzeugung sind, dass Menschen den Umgang mit anderen brauchen • Vorlieben/Abneigungen müssen koordiniert werden (enge Freundschaften als „Schönwetterkooperation“, selbstreflexive Perspektivenübernahme)

Niveaustufen	Beschreibung
Stufe 3 (10.-12. Lebensjahr)	• Freundschaften und das Zusammensein mit Freunden werden wegen des gegenseitigen Interesses aneinander und des Austausches untereinander geschätzt • der gegenseitige Beistand über längere Zeit wird angenommen (enge Freundschaften als intimer gegenseitiger Austausch, wechselseitige Perspektivenübernahme)
Stufe 4 (ab 12. Lebensjahr)	• Freundschaften werden als offene Beziehungssysteme gesehen, die sich ebenso wie Personen verändern und entwickeln können • Freundschaft trägt dazu bei, dem Selbst ein Gefühl persönlicher Identität zu geben (enge Freundschaften als Autonomie und Interdependenz, Perspektivenübernahme mit dem sozialen und konventionellen System)

2-23: Niveaustufen der Freundschaftsbeziehungen (n. Selman & Byrne, 1974)

Reflexionsfragen

- Erläutern Sie die Bindungstypen nach Ainsworth und Kollegen.
- Wie gestaltet sich der Versuchsaufbau beim Fremde-Situations-Test?
- Was sind die entscheidenden Voraussetzungen für eine sichere Bindung, wie ist deren Stellenwert einzuschätzen?
- Wie wirken sich frühe Bindungserfahrungen im Lebensverlauf aus?
- Was wird unter Feinfühligkeit der Bezugsperson verstanden?
- Beschreiben Sie die verschiedenen Spielformen nach Parten.
- Skizzieren Sie die Niveaustufen von Freundschaftsbeziehungen nach Selman.

2.5.2 Das Jugendalter

Wichtige Vertreter
John Dewey (1859-1952)
Erik H. Erikson (1902-1994)
Granville S. Hall (1844-1924)
Robert J. Havighurst (1900-1991)
Lawrence Kohlberg (1927-1987)
William Stern (1871-1938)

Literatur im Überblick
Fend, H. (2005). Entwicklungspsychologie des Jugendalters. Wiesbaden: VS.
Flammer, A. & Alsaker, F.D. (2002). Entwicklungspsychologie der Adoleszenz. Die Erschließung innerer und äußerer Welten im Jugendalter. Bern: Huber.
Hurrelmann, K. (2007). Lebensphase Jugend: Eine Einführung in die sozialwissenschaftliche Jugendforschung. München: Juventa.
Hurrelmann, K., Albert, M. & Quenzel, G. (2010). Jugend 2010: Eine pragmatische Generation behauptet sich (16. Shell Jugendstudie). Frankfurt a. M.: Fischer.
Siegler, R., DeLoache, J. & Eisenberg, N. (2008). Entwicklungspsychologie im Kindes- und Jugendalter (2. Aufl.). München: Spektrum.

Die Jugendphase ist gekennzeichnet durch das Zusammenwirken von biologischen, intellektuellen und sozialen Veränderungen, es kommt insofern zu vielfältigen Erfahrungen und Herausforderungen: „Die Zuschreibung der Attribute ‚nicht mehr Kind' und ‚noch nicht Erwachsener' akzentuiert die Veränderungsdynamik der Zwischenposition, die beides umfasst" (Oerter & Dreher, 2008, S. 271). Es ist also die Zeit der Erprobung und Orientierung im Zusammenhang mit einer Vielzahl relevanter Entwicklungsaufgaben in der Vorbereitung auf das Erwachsenenalter. Der Eintritt in die Pubertät markiert hierbei für Jugendliche einen ganz besonderen Einschnitt in ihrem Leben. Unter dem Begriff der *Pubertät* wird die gesamte körperliche, psychische, soziale und kulturelle Entwicklung im Rahmen des Erlangens der Geschlechtsreife verstanden, welche durchschnittlich vier Jahre dauert und in Teilprozesse, sog. puberale Prozesse gegliedert ist (u.a. Fend, 2005; Flammer & Alsaker, 2002). *Puberale Prozesse* umfassen u.a. das Wachstum, die Entwicklung der primären und sekundären Geschlechtsmerkmale sowie die sexuelle Reifung im Sinne der Menarche und Spermarche.

Hinsichtlich der zu bewältigenden Entwicklungsaufgaben wird zwischen drei Bereichen differenziert:

- intrapersonal: Auseinandersetzung mit inneren Veränderungsprozessen
- interpersonal: Auseinandersetzung mit sozialen Interaktionen
- kulturell-sachlich: Auseinandersetzung mit den kulturellen Ansprüchen, Vorgaben und Entwicklungsmöglichkeiten

Alle drei Aufgabenbereiche münden letztendlich in dem Ziel, eine stabile Identität aufzubauen. Grundsätzlich ist dies ein lebenslanger Prozess, der in verschiedenen Lebensabschnitten spezifische Entwicklungsanforderungen an das Individuum stellt. Havighurst (1972) unterscheidet folgende Lebensphasen, in denen spezifische Entwicklungsaufgaben zu vollziehen sind: frühe Kindheit (bis 6 Jahre), mittlere Kindheit (6 bis 12 Jahre), Adoleszenz (12 bis 18 Jahre), frühes Erwachsenenalter (18 bis 30 Jahre), mittleres Erwachsenenalter (30 bis 60 Jahre) und höheres Alter (ab 60 Jahren). In der frühen Kindheit lernt das Kind bspw. zu gehen und zu sprechen, in der mittleren Kindheit muss es sich etwa mit Altersgenossen auseinandersetzen und sich grundlegende Fertigkeiten wie Lesen und Rechnen aneignen. Der Adoleszenz mit den für das Individuum doch ganz erheblichen Veränderungen, Konflikten und Einflüssen kommt diesbezüglich eine herausgehobene Rolle zu (s. Fend, 2005).

Einflüsse auf die Identitätsfindung in der Adoleszenz

Zuwachs an kognitiven Fertigkeiten

Jugendliche gelangen im Piaget'schen Modell während der Pubertät in das formal-operative Stadium, gekennzeichnet durch die Entwicklung des hypothetisch-deduktiven und propositionalen Denkens. Hierdurch wird es ihnen möglich, Probleme zu analysieren, Hypothesen abzuleiten und zu testen oder auch bestehende Ansichten, Wertvorstellungen und Konzepte kritisch zu hinterfragen, was sich etwa in Streitlust und Zweifeln an bestehenden Regeln und Praktiken des Familienlebens äußern kann (Hurrelmann, 2007). Zudem beschäftigen sich Jugendliche vermehrt mit der eigenen Person und betrachten sich selbst von außen, um ihre Wirkung auf andere zu hinterfragen. Dieser gesteigerte Selbstbezug stärkt auch das Gefühl der Einzigartigkeit (u.a. Berk, 2011; Siegler, DeLoache & Eisenberg, 2008).

Sexuelle Reifung und Identität

Mit der allgemeinen körperlichen Reifung geht auch die sexuelle Reifung einher. Die Einstellungen zur Sexualität sind bei Jugendlichen zu Beginn stark geprägt durch generelle kulturelle Werte und Normen, aber auch durch ganz spezifische Sozialisationsbedingungen, wie etwa Scheidung der Eltern, Ausmaß des religiösen Engagements innerhalb der Familie, sexuelle Aktivitäten der Geschwister und Freunde usw. (Kotchick, Schaffer, Forehand & Miller, 2001). Eine besondere Herausforderung stellt der Reifungsprozess für diejenigen 3-6% der Jugendlichen dar, die sich mit ihrer homo- oder bisexuellen Identität auseinandersetzen müssen. Das Gefühl der Anziehungskraft des eigenen Geschlechts tritt für Jungen häufig zwischen dem 11. und 12. Lebensjahr auf, bei Mädchen wegen des höheren Drucks zur Heterosexualität erst zwischen dem 14. und 15. Lebensjahr (Diamond, 1998). Die Erkenntnis, möglicherweise selbst homosexuell zu sein, stiftet in der Regel Verwirrung, Unsicherheit und Ängste. Nur einigen Jugendlichen gelingt es recht schnell, ihre homosexuelle Identität auszubilden, den meisten fehlt es hingegen an Vorbildern und sozialer Unterstützung - vor allem auch, um den Weg nach außen zu gehen und zu der eigenen sexuellen Identität zu stehen. Der Kontakt zu Gleichgesinnten, also zu anderen Homosexuellen, ist in diesem Zusammenhang sehr hilfreich.

Kulturelle Einflüsse

Die Wahrnehmung, einer ethnischen Gruppe mit kulturellen Besonderheiten anzugehören, wird während der Adoleszenz besonders bewusst. Damit verbunden ist stets die Auseinandersetzung mit den jeweiligen Werten und spezifischen Anforderungen; vor allem gilt dies aber für Angehörige von Minoritäten, die sich vielfach als „zwischen den Stühlen sitzend“ erleben und hin und her gerissen sind zwischen den Vorgaben „verschiedener Welten“.

Soziale Einflüsse

Ungeachtet der hohen Bedeutung der Peer-Group im Zuge des Ablösungsprozesses und der Auseinandersetzung mit den Werten und Normen der Erwachsenenwelt behält die Familie zweifelsohne weiterhin einen hohen Stellenwert bei Jugendlichen (Hurrelmann, 2007). Die Qualität der Eltern-Kind-Beziehung stellt während der pubertären Phase den einzigen konstanten Faktor für die psychische Gesundheit von Jugendlichen dar (Steinberg & Silk, 2002). Hierbei unterstützen kleinere Konflikte und Reibungen durchaus den Prozess der Identitätsbildung. In funktionierenden Familien bleiben Jugendliche trotz der De-Idealisierung der Eltern mit diesen in (Ver-)Bindung und suchen (auch wenn Alternativmöglichkeiten in der Regel gegeben sind) deren Rat (Steinberg, 2001). Bezugnehmend auf die Shell-Jugendstudie 2010 ziehen lediglich 3% der Jugendlichen vor dem 18. Lebensjahr aus, auch danach leben noch 77% im Elternhaus. Obwohl einige der 22- bis 25-Jährigen (19%) bereits die Erfahrung gemacht haben, wie es ist, alleine und nicht mehr bei den Eltern zu leben, wohnen dennoch 38% dieser Altersgruppe wieder oder immer noch zu Hause (Hurrelmann, Albert & Quenzel, 2010).

Die Identitätskonstruktion, von Erikson (1974) als Identitätskrise und von anderen Autoren (u.a. Arnett, 2000) später als Exploration bezeichnet, enthält Vorstellungen über das eigene Selbst, die persönlichen Werte und Normen sowie die jeweilige Lebensausrichtung. Gelingt es Jugendlichen nicht, aus den Anforderungen, Vorgaben und Alternativen ihrer sozialen Umwelt eine stabile Identität abzuleiten, kommt es zu einer Identitätsdiffusion. Marcia (1966, s. 2-24) hat diesen Prozess in Form von vier verschiedenen Stadien beschrieben.

Identitätsstufen	Beschreibung	Beispiel
erarbeitete Identität	• verschiedene Alternativen werden abgewogen, es ist möglich, Wertvorstellungen und Ziele klar zu formulieren • ein Gefühl der Kontinuität des eigenen Selbst liegt vor	• ein Beruf wird nach reiflicher Überlegung und Abwägung von diversen Alternativen ergriffen

Identitätsstufen	Beschreibung	Beispiel
übernommene Identität	• Wertvorstellung und Ziele des sozialen Umfeldes werden relativ unkritisch übernommen • Autoritätsfiguren werden akzeptiert	• ein Beruf wird aufgrund familiären Drucks ergriffen, eine selbstständige Auseinandersetzung findet nicht statt
diffuse Identität	• eine klare Ausrichtung ist nicht erkennbar, Werte und Ziele können nicht klar formuliert werden • es werden eher wenig Alternativen abgewogen	• es werden keine beruflichen Möglichkeiten erkundet, da eine intensive Auseinandersetzung mit den eigenen Zielvorstellungen nicht stattfindet • auf einen Beruf wird sich folglich nicht festgelegt
Moratorium	• das Individuum befindet sich noch im Abwägungsprozess, Informationen werden gesammelt • es besteht der Wunsch, eigene Ziele zu finden	• die Auseinandersetzung mit berufsbezogenen Fragen charakterisiert den Explorationsprozess, der dazu dient, Zweifel zu beseitigen und sich hinsichtlich eines Berufes festzulegen

2-24: Identitätsstufen (n. Marcia, 1966)

Zur Bedeutung von Peer-Beziehungen

Die Auseinandersetzung mit Gleichaltrigen stellt eine wesentliche Aufgabe des Jugendalters dar: Peer-Beziehungen tragen in entscheidender Weise zur Entwicklung des Selbstbildes bei, sie fördern kognitive Prozesse und unterstützen Jugendliche bei der Bewältigung anstehender Entwicklungsaufgaben. Insbesondere mit Blick auf die Ablösung vom Elternhaus als eine der wichtigsten Aufgaben im Individuationsprozess (Hurrelmann, 2007) ist die Peer-Group für Jugendliche von herausragender Bedeutung. Dabei schaffen Peerkontakte zentrale Rückzugsmöglichkeiten, gemeinsam können Unsicherheiten, Sorgen, Zweifel und Konflikte auf dem Weg zur emotionalen Unabhängigkeit von den Eltern diskutiert, ausgehalten und verarbeitet werden (s. Göppel, 2005). Auf der Folie dieser individuellen und zugleich doch normativen Herausforderung jenes Altersabschnittes entfalten Peerkontakte Gefühle des Verstehens und des Verstanden-Werdens; sie bieten Sicherheiten und Gemeinsamkeiten sowie wechselseitige Unterstützung und Rückhalt in der Neugestaltung der Beziehung zu den Eltern. In diesem Zusammenhang ermöglichen es Peers also auch, alternative Erfahrungen mit Formen von „Getrenntsein" und „Gemeinsamkeit" zu machen (Fend, 2005).

Im Zuge der Ablösung vom Elternhaus und auf der Suche nach einer passenden Definition des eigenen Selbst schließen sich Jugendliche häufig Gruppierungen mit subkulturellem Charakter (bspw. Punks, Hip-Hopper) an, wobei sie dann deren gruppenspezifische Normen und Regeln übernehmen (s. Flammer & Alsaker, 2002). Dabei dienen soziale Vergleiche innerhalb der eigenen Gruppe sowie mit anderen Gruppen den Jugendlichen als Orientierungshilfen bei der Identitätsfindung, sie tragen zur Stabilisierung und zur Steigerung des adoleszenten Selbstkonzeptes bei (Simon, 2004; Tajfel, 1978). Jugendliche sehnen sich also nach einem neuen Gefühl der Zugehörigkeit, suchen Identifikationsspielräume bzw. -möglichkeiten und wollen doch gleichsam ihre Einzigartigkeit, das eigene Ich aufspüren, das sie von allen anderen unterscheidet (s. Oerter & Dreher, 2008). Das Zugehörigkeitsgefühl zu Gruppen befriedigt hierbei jedoch nicht nur das in der Adoleszenz erhöhte Bedürfnis nach Sicherheit und Konformität: Weil sog. Cliquen sich durch ein hohes Maß an Homogenität auszeichnen, also Cliquenmitglieder in der Regel ähnliche Merkmale (Familienhintergründe, Werte und Einstellungen usw.) aufweisen, bieten sie Jugendlichen ebenso die Chance, mit neuen Rollen und sozialen Verhaltensweisen zu experimentieren, bspw. in Bezug auf die Geschlechterrollen (Hurrelmann, 2007). Beziehungen zu Gleichaltrigen stellen demnach ein wichtiges Übungsfeld dar, um Prinzipien des Gebens und Nehmens, des Aushandelns und der Perspektivenübernahme zu vertiefen (Krappmann, 2000). Peer-Beziehungen sind zudem für das emotionale Wohlbefinden von Jugendlichen essentiell. Sie kompensieren Einsamkeitsgefühle und bieten Gelegenheiten, aktuelle Musik-, Mode-, Sport-, und Partytrends gemeinsam zu erleben (s. Fend, 2005). Schließlich stellt die Peer-Group auf diese Weise einen unerlässlichen und durch soziale Normen geschützten Raum dar, der vielfältige Identifikations- und Selbstdarstellungsmöglichkeiten auf dem Weg der Identitätsfindung bereitstellt und eine zeitweilige Selbstdefinition ermöglicht (Flammer & Alsaker, 2002). Die noch fehlende Selbstsicherheit und kritische Selbstbetrachtung werden durch soziale Geborgenheit in einer Clique bzw. in Freundschaftsverhältnissen aufgefangen, wobei letztere typischerweise dyadische Beziehungen markieren und nicht wie Cliquen kontextgebunden sind (ebd.).

Nach Erkenntnissen der Peer-Forschung verbringen Jugendliche in den Industrienationen tatsächlich auch die meiste Zeit mit ihren Freunden - US-amerikanische Jugendliche ca. 18 Stunden pro Woche, japanische ca. 12 Stunden und taiwanesische Jugendliche ca. 9 Stunden (Fuligni & Stevenson, 1995), wobei die gewählten Freunde über den gleichen Identitätsstatus, ähnliche Bildungsziele und politische Überzeugungen verfügen (u.a. Buhrmester, 1996). Geschlechtstypische Effekte zeigen sich dahingehend, dass Jungen eher „activity-based friendships" pflegen, während Mädchen bei freundschaftlichen Bindungen eher auf Faktoren der emotionalen Nähe und der Möglichkeit des kommunikativen Austauschs achten (Hurrelmann, 2007). Ein Zusammenhang zur subjektiven Bedeutung spezifischer Themenfelder resultiert allerdings nicht, denn Jungen und Mädchen besprechen die gleichen Themen zu etwa gleichen Anteilen (Markowitsch, 2001).

Reflexionsfragen

- Was ist eine Entwicklungsaufgabe?
- Welche Entwicklungsaufgaben sind im Jugendalter zu bewältigen?
- Beschreiben Sie die Identitätsstufen nach Marcia.
- Welche Merkmale kennzeichnen eine diffuse Identität nach Marcia?
- Welche Einflüsse auf die Identitätsfindung in der Adoleszenz gibt es?
- Welchen Einfluss haben Peer-Groups auf die Entwicklung des Selbstbildes?

2.5.3 Das mittlere und höhere Erwachsenenalter

<u>Wichtige Vertreter</u>
Margret M. Baltes (1939-1999)
Paul B. Baltes (1939-2006)
Ursula Lehr (*1930)
Leopold Rosenmayr (*1925)
Hans Thomae (1915-2001)

<u>Literatur im Überblick</u>

Baltes, P.B., Lindenberger, U. & Staudinger, U.M. (2006). Life span theory in developmental psychology. In W. Damon & R.M. Lerner (Eds.), Handbook of child psychology: Vol. 1. Theoretical models of human development, 6th ed. (S. 569-664). New York: Wiley.

Lehr, U. (2006). Psychologie des Alterns (11. Aufl.). Heidelberg: Quelle & Meyer.

Oswald, W.D., Gatterer, G. & Fleischmann, U.M. (2008). Gerontopsychologie - Grundlagen und klinische Aspekte zur Psychologie des Alterns (2. Aufl.). Berlin: Springer.

Rosenmayr, L. & Böhmer, F. (Hrsg.). (2003). Hoffnung Alter: Forschung, Theorie, Praxis. Wien: WUV-Universitätsverlag.

Staudinger, U.M. (1999). Older and wiser? Integrating results from a psychological approach to the study of wisdom. International Journal of Behavioral Development, 23, 641-664.

Obwohl lange Zeit in der Entwicklungspsychologie eher vernachlässigt, umfasst das Erwachsenenalter den größten Zeitraum im menschlichen Entwicklungsprozess. Das mittlere Erwachsenenalter begrenzt dabei die Phase vom 40. bis zum 60. Lebensjahr, wobei die Beschäftigung mit einer mittleren Episode des menschlichen Alters sicherlich das Ergebnis deutlich erhöhter Lebenserwartungen vor dem Hintergrund verbesserter Lebensumstände ist (s. 2-25). Diese Phase ist geprägt durch Gedanken an das berufliche und private Fortkommen. Sie geht in das höhere Erwachsenenalter über, an das sich etwa ab dem 80. Lebensjahr die Altersklasse der Hochbetagten anschließt. Im höheren Erwachsenenalter gewinnt die Auseinandersetzung mit körperlichen und kognitiven Abbauprozessen zunehmend an Bedeutung, relevant wird damit die Auseinandersetzung mit der eigenen Gesundheit und der eigenen Biografie.

Entwicklung der Lebenserwartung (LE) im Alter von 60 Jahren für Frauen und Männer im Jahre	Männer (verbleibende LE in Jahren)	Frauen (verbleibende LE in Jahren)
1901/10	13.1	14.2
1932/34	15.1	16.1
1949/51	16.2	17.5
1960/62	15.5	18.5
1970/72	15.3	19.1
1980/82	16.5	20.8
1991/93	17.8	22.1
1996/98	18.7	23.1
1998/00	19.2	23.5
2008/10	21.2	24.9
2040	24.6	28.2
2060	26.6	30.1

2-25: Entwicklung der Lebenserwartung im Alter von 60 Jahren, Statistisches Bundesamt: Bevölkerung Deutschlands bis 2060; 10., 11., und 12. koordinierte Bevölkerungsvorausberechnung, Stand: 2009

Die Architektur der Ontogenese

Das Modell der ontogenetischen Architektur nach Baltes (u.a. Baltes, 1997) beschreibt das mittlere und höhere Erwachsenenalter. Es setzt sich aus drei strukturierenden und synchron wirksamen Altersfunktionen zusammen, die sich jedoch hinsichtlich ihrer jeweiligen Relevanz innerhalb der verschiedenen Altersstadien unterscheiden: Einerseits weisen die durch die biologische Evolution entstandenen genetischen Veränderungen eine negative Lebensalterskorrelation auf, wodurch das menschliche Genom mit zunehmendem Alter mehr dysfunktionale genetische Expressionen enthält als in jüngeren Lebensjahren. Folglich nimmt der evolutionäre Selektionsdruck mit dem Alter ab. Daher sind die Prozesse des Alterns mit Blick auf die genetische Kontrolle auch weniger geordnet (McGue & Finkel, 1997). Die Vorteile der evolutionären Selektion wirken vorwiegend auf die erste Lebenshälfte, um Fitness und eine effektive Elternschaft zu gewährleisten. Andererseits liegt eine kulturell-gesellschaftliche Weiterentwicklung darin begründet, dass mit dem Erreichen des hohen Alters das biologische Potenzial nachlässt. Der Bedarf an kulturellen Kompensationsmöglichkeiten hinsichtlich psychischer, sozialer, materieller und wissensbasierter Ressourcen steigt, damit ältere Menschen ihre Funktionstüchtigkeit aufrechterhalten können. Des Weiteren sinkt im Lebensverlauf der Wirkungsgrad von kulturellen Faktoren und Ressourcen. Dieser Altersverlust steht in Zusammenhang mit der Verringerung der biologischen Plastizität und der reduzierten Wirkkraft des kognitiven Lern- und Gedächtnispotenzials (Baltes, Lindenberger & Staudinger, 2006). Je älter der Mensch wird, desto mehr Zeit und kognitive Unterstützung ist notwendig, um Lerngewinne aus jüngeren Jahren zu erreichen. Allerdings scheint es auch Menschen auf einem hohen Leistungsniveau nicht mehr möglich, die gleichen Ergebnisse zu erzielen wie jüngere Erwachsene.

Vor dem Hintergrund dieser Wirkmechanismen betrachtet Baltes die Architektur der Ontogenese als unvollständig. Tabelle 2-26 verdeutlicht noch einmal die Dynamik zwischen kultureller und biologischer Entwicklung durch die Interaktionsprinzipien der Ontogenese.

Architektur der Ontogenese	Beschreibung
Abnahme der positiven Auswirkungen des evolutionären Selektionsdrucks im Alter	• Abnahme indirekter Selektionsvorteile nach der Reproduktionsphase • Beispiel: Altersdemenz würde keinen Bestand haben, unterstünde es einem evolutionären Druck
Zunahme des Bedarfs an Kultur im Alter	• Notwendigkeit zur Bereitstellung kulturelle Ressourcen zur Kompensation aufgrund biologischer Abbauprozesse • Beispiel: Der zu beobachtende Anstieg der Lebenserwartung im historischen Verlauf und der steigende Anteil an leistungsfähigen Lebensjahren verdeutlicht die Relevanz von kulturellen Einflüssen in der zweiten Lebenshälfte
Abnahme des Wirkungsgrades von Kultur	• Abnahme der Effizienz kultureller Ressourcen vor allem im höheren Erwach-

Architektur der Ontogenese	Beschreibung
	senenalter; biologische Abbauprozesse daher nur noch bedingt kompensierbar • für hohes Funktionsniveau mit zunehmendem Alter mehr Ressourcen erforderlich • maximales Funktionsniveau im höheren Lebensalter reduziert • Beispiel: Für den Lernerwerb sind im höheren Lebensalter mehr Wiederholungen notwendig, maximale Gedächtnisleistung und Informationsverarbeitungskapazität sind eingeschränkt

2-26: Skizzierung der Ontogenese (n. Baltes, 1997)

Entwicklungsaufgaben des mittleren Erwachsenenalters

Nach Erikson repräsentiert der Konflikt zwischen Generativität und Stagnation das mittlere Erwachsenenalter. Dieser Konflikt resultiert aus den konträren Bedürfnissen, einerseits etwas Neues entstehen zu lassen, etwas mitzugeben und sich hinzuwenden zur nächsten Generation (*Generativität*) und andererseits reflexiv sein Handeln zu überdenken, sich auf sich selbst zu fokussieren und in der Entwicklung zu verweilen (*Stagnation*). Generativität wird häufig mit Kindererziehung assoziiert, umfasst Erikson zufolge jedoch alle geplanten oder erbrachten Leistungen, um das Selbst zu überdauern, also Erfolge im Beruf, soziales Engagement oder private Fürsorge. Damit bringt Generativität „persönliche Wünsche und kulturelle Anforderungen zusammen“ (Berk, 2011, S. 725), denn „Geben“ ist eben gleichsam Anforderung der Gesellschaft und verfügt über einen persönlichen Nutzen (s.a. Theorie des sozialen Austauschs; u.a. Blau, 1964; Homans, 1961).

Gerade im mittleren Erwachsenenalter ist der Wunsch ausgeprägt, etwas zu bewirken, das fortbesteht, wenn man selbst nicht mehr existiert. Seitens der Gesellschaft wird die Verantwortungsübernahme für die nächste Generation eingefordert. Generativität ist dabei immer auch mit der Überzeugung verbunden, in der Welt etwas zum Besseren verändern zu können. Im Vergleich hierzu meint Stagnation, dass die Person stark das eigene Selbst und die eigenen Lebensziele fokussiert. Hierbei mündet das reflexive Innehalten in Versunkenheit, in der Folge nimmt die gesellschaftliche Produktivität dieser Person deutlich ab. Da der Lebenssinn häufig die Frage impliziert, wie wir sozial partizipieren und was wir selbst beitragen, macht dies Gefühle der Langeweile und der Sinnlosigkeit der eigenen Existenz wahrscheinlich (Lindenberger & Schaefer, 2008).

Das Konzept der Lebensabschnitte von Levinson (1978) sowie von Levinson & Levinson (1996) begreift Leben auch als eine Abfolge *qualitativ unterschiedlicher Zeiträume*, in deren Verlauf endogene und exogene Einflüsse immer wieder für neue Herausforderungen sorgen. Die Lebensabschnitte weisen qualitative Unterschiede auf, wobei Übergangsphasen den vorangegangenen Zeitraum abschließen und den Betreffenden auf die nächste Phase vorbereiten; zudem werden in diesen Abschnitten Lebensgewohnheiten habituiert. Ziel dieser Phasen ist es, innere persönliche und äußere gesellschaftliche Anforderungen in Einklang zu bringen und auf diese Weise eine Steigerung der Lebensqualität zu erreichen (Berk, 2011). In seinen Untersuchungen konzentriert sich Levinson vor allem auf die Altersspanne von 30-45 Jahren; seine Ergebnisse beruhen auf qualitativen biografischen Interviewstudien mit (zunächst) Männern und (später auch) Frauen. Er versucht, grundsätzliche Muster des Erwachsenenalters zu identifizieren, um daraus Lebensabschnitte mit typischen Herausforderungen ableiten zu können. Dabei geht seine Theorie von unterschiedlichen Lebensentwürfen eines Menschen zu bestimmten Perioden aus.

Während der Übergangsphase zum mittleren Erwachsenenalter unterziehen Männer und Frauen ihre Lebensstruktur einer Neueinschätzung. Junge Menschen, die bislang mit ihrer Karriere beschäftigt waren und noch ungebunden sind, konzentrieren sich nun auf die Partnersuche. Frauen hingegen, denen Heirat und Nachwuchs wichtiger waren, entwickeln individualistischere Ziele, während Männer sich in Übereinstimmung mit ihren Wertvorstellungen verstärkt auf bestimmte Beziehungen und Ambitionen konzentrieren. Jedoch erreichen die meisten Frauen den angestrebten Grad an Stabilität - im Gegensatz zu den Männern - noch nicht, bspw. weil eine weitere Verpflichtung im Berufsleben oder in anderen gesellschaftlichen Kontexten hinzugekommen ist (Levinson & Levinson, 1996).

Im Laufe der nächsten Jahre erfolgt eine Beurteilung hinsichtlich der erfolgreichen Verwirklichung ihrer angestrebten Ziele. In der Wahrnehmung, dass nun mehr Zeit hinter als vor ihnen liegt, betrachten sie die verbleibenden Lebensjahre als zunehmend wertvoller. Demnach vollziehen manche Menschen drastische Veränderungen an den Komponenten ihrer Lebensstruktur mit Blick auf Familie und Berufsleben. Die meisten wenden sich für einige Zeit nach innen und widmen sich einem Leben, das für sie persönlich bedeutsam ist. Die Begründung könnte darin liegen, dass sich die Möglichkeiten für eine berufliche Karriere und das persönliche Wachstum im mittleren Erwachsenenalter langsam einschränken oder die Enttäuschung über die bis dato nicht erreichten Träume überwiegt. Sie haben nun das Bedürfnis, einen Weg einzuschlagen, der sie mehr befriedigt, „bevor es zu spät ist". Nach Levinson & Levinson (1996) müssen sich Erwachsene im mittleren Lebensalter vier Entwicklungsaufgaben stellen (s. 2-27), um ihr eigenes Selbst und die Stellung des Selbst in der Außenwelt besser einordnen zu können (s. Berk, 2011).

Entwicklungsaufgaben im mittleren Erwachsenenalter	**Beschreibung**
jung - alt	• Finden neuer Wege, wie der Mensch im mittleren Alter gleichzeitig jung und alt sein kann • Modifizierung jugendlicher Qualitäten dient der Sinnfindung des Älterseins
Destruktivität - Kreativität	• Konzentration auf eigene und fremde destruktive Handlungen mit einer intensiveren Wahrnehmung der eigenen Sterblichkeit • Ausgleich früherer verletzender Handlungen durch das Bedürfnis der Beteiligung an Aktivitäten, welche dem Gemeinwohl dienen
Männlichkeit - Weiblichkeit	• Balanceschaffung zwischen männlichen und weiblichen Selbstanteilen • Männer: Steigerung der Empathiefähigkeit und Fürsorglichkeit; Frauen: Öffnung hinsichtlich der Autonomie und Selbstsicherheit
Engagement - Isoliertheit	• Herstellung eines Gleichgewichts zwischen Engagement für Außenwelt und Isoliertheit • Männer: Distanzierung von der Leistungsorientierung, in Berührung kommen mit dem eigenen Selbst; Frauen: zunehmende Teilnahme an der Arbeitswelt und der sozialen Um-

Entwicklungsaufgaben im mittleren Erwachsenenalter	Beschreibung
	welt, ggf. steigende Achtung des Selbst bei zu großer Leistungsorientiertheit

2-27: Entwicklungsaufgaben im mittleren Erwachsenenalter (n. Levinson & Levinson, 1996)

Spezifika des höheren Erwachsenenalters

Ist das junge und mittlere Lebensalter stark mit einer *Differenzierung* und *Expansion* entwickelter Kompetenzen verbunden, so verlangt das höhere Alter aufgrund biologischer Einschränkungen die Konzentration der Kräfte. Als wesentlichen Bestandteil positiven Alterns nennt Erikson daher die Auseinandersetzung mit physischen und psychischen Abbauprozessen. Von gleicher Bedeutung ist jedoch die Reflexion der eigenen Biografie als Ganzer, daraus leitet er für das hohe Erwachsenenalter den Konflikt zwischen Ich-Integrität und Verzweiflung als zentrale Entwicklungsaufgabe ab. Integritätsgefühle umfassen dabei die Akzeptanz des persönlichen Lebenslaufes, die Anerkennung individueller Grenzen, die Wahrnehmung in einen größeren Kontext (wie Familie oder Gesellschaft) involviert zu sein, das Gefühl der Verbundenheit mit anderen sowie die eigene Endlichkeit. Verzweiflung kann resultieren, wenn subjektiv Gefühle des eigenen Versagens, der verpassten Gelegenheiten und wahrgenommene Ungerechtigkeiten dominieren, Verbitterung ist die häufige Folge (Baltes & Freund, 2005). Nicht selten bestehen Zusammenhänge zwischen „Stagnation“ im mittleren und „Verzweiflung“ im höheren Erwachsenenalter.

Inzwischen existiert eine Vielzahl an Theorien zum Verständnis erfolgreichen Alterns, ein Großteil orientiert sich hierbei an den Grundannahmen von Havighurst & Taba (1963), nach welchem erfolgreiches Altern einen „innere[n] Zustand der Zufriedenheit und des Glücks“ meint, also Lebenszufriedenheit als ein Indikator für die gelungene Anpassung an den Alterungsprozess gesehen wird (ebd., S. 299). Die nachfolgende Übersicht 2-28 verdeutlicht den Wandel von einer Betonung der Einschränkungen zu einer Konzentration auf potenzielle Ressourcen.

Theorien positiven Alterns	Beschreibung
Aktivitätstheorie (Tartler, 1961)	• nach der Aktivitätstheorie ist der Mensch dann zufrieden, wenn er aktiv ist und innerhalb der Gesellschaft eine Funktion übernimmt, dementsprechend wird ein Zusammenhang zwischen der subjektiven Lebenszufriedenheit und den individuellen sozialen Aktivitäten postuliert (Longino & Kart, 1982) • soziale Aktivitäten können dabei sowohl formeller als auch informeller Natur sein, auch sind durchaus solche ohne explizite soziale Einbindung (bspw. Lesen) von Bedeutung
Disengagement-Theorie (Cumming & Henry, 1961)	• im Sinne der Disengagement-Theorie wünschen sich ältere Menschen eine soziale Isolierung zur Vorbereitung auf das Lebensende • die Annahmen der Aktivitätstheorie werden entsprechend kritisiert, da man sie als zu stark an der mittleren Lebensphase orientiert betrachtet
OPS-Modell (Heckhausen, 1999)	• das Modell der Optimierung durch primäre und sekundäre Kontrolle betrachtet Optimierung als einen Prozess höherer Ordnung, der Selektion und Kompensation reguliert • im Zuge der Selektion werden Ressourcen für ausgewählte Ziele durch primäre (wie etwa den aktiven Einsatz von Ressourcen) oder sekundäre Kontrollen (bspw. kognitive Umstrukturierung bei der Zielbewertung) aufgewendet • Kompensation bezeichnet den Einsatz externer Ressourcen, falls interne nicht zur Verfügung stehen
SOK-Modell (Baltes & Baltes, 1990; Freund, 2007)	• das Modell der selektiven Optimierung mit Kompensation (SOK-Modell) geht davon aus, dass Lebenszufriedenheit als subjektives Kriterium alleine nicht für erfolgreiches Altern ausreicht • Ziele und die Integration von den noch zu bewältigenden Entwicklungsaufgaben werden als bedeutsam eingeschätzt

Theorien positiven Alterns	Beschreibung
	• das Modell setzt dabei voraus, dass Individuen sich entwickeln, hierfür aber nur begrenzte Ressourcen zur Verfügung stehen • Selektion, Optimierung und Kompensation werden bei der Erhaltung von Lebensqualität und Handlungskompetenz, selbst bei Funktionsverlusten und Einschränkungen, vorausgesetzt • Selektion umfasst die Auswahl von Zielen, wobei in Abhängigkeit von den jeweiligen Rollen und Lebenskontexten sich neue Möglichkeiten der Entwicklung und der Bündelung vorhandener Ressourcen ergeben können • Optimierung bedeutet die Umsetzung der Selektion, so dass eine Steigerung und Entfaltung von Handlungs- und Entwicklungsmöglichkeiten erreicht wird • bei der Kompensation werden Maßnahmen ergriffen, um Funktionsverlusten durch den Einsatz geeigneter Mittel (etwa Hörgeräte oder Mnemotechniken; s. dazu auch den Bedarf kultureller Ressourcen im Rahmen des Ontogenesemodells nach Baltes) vorzubeugen oder diese auszugleichen

2-28: Theorien positiven Alterns

Der Verlauf der Theorieentwicklung lässt sich analog zu den Ergebnissen empirischer Untersuchungen zur kognitiven Leistungsfähigkeit im höheren Erwachsenenalter beschreiben: Lange Zeit dominierten auch im wissenschaftlichen Diskurs Stereotype mit Blick auf die kognitive Entwicklung im höheren Erwachsenenalter, wobei sich das Hauptargument der Vertreter einer negativistischen Perspektive auf die Veränderungen der Informationsverarbeitungsgeschwindigkeit bezog - diese nimmt aufgrund einer generellen Verlangsamung zentralnervöser Aktivitäten im höheren Erwachsenenalter ab, die Folge ist ein reduziertes Leistungsvermögen älterer Menschen bei der Lösung kognitiver Aufgaben. Die empirische Grundlage ist dabei einerseits überzeugend (s. u.a. Haus, 2005), jedoch werden dabei kognitive Problemlöseprozesse zu sehr auf den Geschwindigkeitsfaktor reduziert.

In der Folge wurden zwei Bereiche der Intelligenz verstärkt unterschieden (Baltes, 1997; Cattell, 1963): Die *fluide (mechanische) Intelligenz*, welche der Informationsverarbeitung dient, und die generelle Denkfähigkeit sowie schlussfolgerndes und spontanes Denken umfasst (dabei wird angenommen, dass dieser Intelligenzanteil weitestgehend angeboren ist; u.a. Lohaus, Vierhaus & Maass, 2010). Die *kristalline (pragmatische) Intelligenz* umfasst hingegen die Fähigkeit, Wissensstände zu speichern und zu organisieren sowie dieses Wissen in der richtigen Situation wieder abrufen zu können (Baltes, 1997). Da die kristalline Intelligenz das Ergebnis der spezifischen Sozialisationserfahrungen ist, umfasst sie sozial und kulturell vermittelte Fähigkeiten. Beide Formen der Intelligenz sind nicht unabhängig voneinander, sie stellen vielmehr ergänzende Mechanismen dar, welche der Bewältigung von Aufgaben dienlich sind. Die kristalline Intelligenz, die sich verstärkt aus Erfahrungswissen und der gezielten effektiven Nutzung desselben speist, steigt aufgrund des kontinuierlichen Zuwachses an Erfahrung und Wissensbeständen im Verlauf des Lebens an, sie bleibt auch im höheren Erwachsenenalter lange Zeit erhalten. Die fluide Intelligenz und damit verbundene funktionale Fähigkeiten (wie etwa die Geschwindigkeit der Informationsverarbeitung) unterliegen dagegen verstärkt dem Abbau im Alterungsprozess (im Sinne der Speedhypothese; s. u.a. Salthouse & Verhaeghen, 1997). Durch regelmäßige Teilnahme an Trainings zur Steigerung kognitiver Leistungsfähigkeit (vor allem in Verbindung mit psychomotorischen Kompetenztrainings) kann diesem Prozess jedoch gezielt entgegengewirkt werden (Oswald, Ackermann & Süß, 2007): So ließen sich experimentell noch vier Jahre nach dem Treatment langfristige relevante Effekte auf die kognitive Leistungsfähigkeit, Gesundheit und Selbstständigkeit empirisch belegen (s.a. Glück & Heckhausen, 2001; Klauer, 2001). Ungeachtet dessen verlieren in der Gesamtschau kulturelle Leistungen mit fortschreitendem Alter an Effektivität, zudem trägt das steigende Demenzrisiko bei Hochbetagten dazu bei, dass dann verstärkt ein Rückgang beider Intelligenzformen auszumachen ist (etwa Baltes, Staudinger & Lindenberger, 1999; s. 2-29).

Kritische Würdigung theoretischer Perspektiven zur Entwicklung im Lebenslauf
Obgleich die Theorien zu den Entwicklungsaufgaben im mittleren und höheren Erwachsenenalter auch heute noch durchaus Relevanz besitzen, so hat sich über die Synthese der vorliegenden Ansätze und Befunde bis dato ein deutlich differenzierteres Bild der menschlichen Entwicklung im Alterungsprozess herauskristallisiert (s. 2-30): Im Sinne der *Differentialität* altern hiernach verschiedene Personen sehr unterschiedlich hinsichtlich verschiedener Aspekte. Alter und Altern sind also hochindividuelle Prozesse, weshalb auch terminologisch eine entsprechende Unterscheidung vorgenommen werden muss (s. zusammenfassend Ehmer & Höffe, 2009).

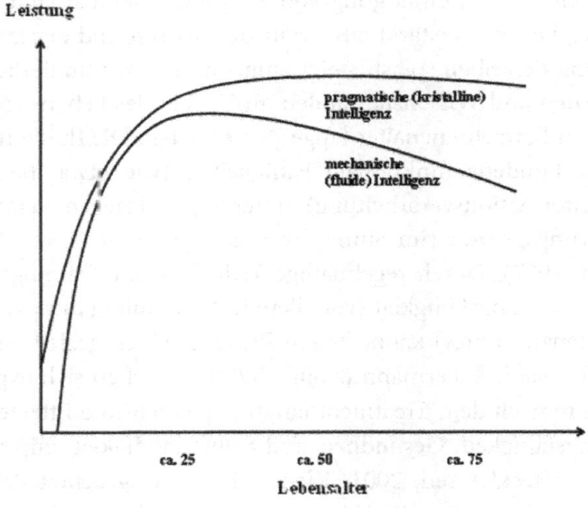

2-29: Entwicklung von Mechanik und Pragmatik in Abhängigkeit vom Lebensalter einer Person (n. Baltes, Staudinger & Lindenberger, 1999, S. 487)

Alternstypus	Beschreibung
kalendarisches Altern	• für das kalendarische Alter gilt als Basis das Geburtsjahr einer Person
biologisches Altern	• das biologische Altern folgt einer Unterteilung in fünf Stufen: Molekül, Zelle, Organ, Organismus und Population • aufgrund unterschiedlicher personaler Voraussetzungen (bspw. Gene) oder differierender Umwelteinflüsse (wie bspw. der Lebensstile, Arbeitsanforderungen, kulturell bedingter Möglichkeiten) altern diese Bereiche bei Menschen unterschiedlich schnell • verschiedene Personen im Alter von 50 Jahren können daher ein jeweils sehr unterschiedliches biologisches Alter besitzen
soziales Altern	• wie im Rahmen der Entwicklungsaufgaben beschrieben, ordnet die Gesellschaft dem kalendarischen Alter gewisse Aufgaben, Anforderungen, Möglichkeiten und Chancen zu, woraus sich das soziale Altern ergibt • so hat sich der Berufseinstieg aufgrund der gesellschaftlichen Entwicklung zur Wissensgesellschaft nach hinten verlagert, der Renteneintritt wird nicht durch die individuelle Leistungsfähigkeit, sondern durch eine feste Norm geregelt
psychologisches Altern	• psychologisches Altern ist mit gesellschaftlichen Alternsbildern verbunden und beschreibt den individuellen Zustand: „Wie alt fühle ich mich?" • gemeint ist also die subjektive Wahrnehmung einer Person von sich selbst und seiner Leistungsfähigkeit

2-30: Konzepte des Alterns (n. Ehmer & Höffe, 2009)

Reflexionsfragen

- Benennen Sie die zentralen Entwicklungsaufgaben im mittleren Erwachsenenalter nach Levinson.
- Erläutern Sie die Theorien positiven Alterns. Inwiefern widersprechen sich die Aktivitätstheorie und die Disengagement-Theorie?
- Welche Merkmale kennzeichnen das SOK-Modell nach Baltes & Baltes?
- Welche Rolle spielt die divergente Entwicklung von kristalliner und pragmatischer Intelligenz für das positive Altern?
- Wie sind die Begriffe „Alter“ und „Altern“ voneinander abzugrenzen?

2.6 Übungsaufgaben zur Selbstkontrolle

Bei jeder Aufgabe können eine, zwei, drei oder auch alle vier angegebenen Antwortmöglichkeiten zutreffen. Bei einigen Fragen werden Sie bewusst in der jeweils angegebenen Literatur recherchieren müssen, um zu vollständig richtigen Antworten zu gelangen.

Methoden der Entwicklungspsychologie

2.1 Querschnittstudien bieten für die entwicklungspsychologische Forschung verschiedene Vorteile, da …

- ❒ … sie relativ kostengünstig durchzuführen sind.
- ❒ … Daten vergleichsweise schnell erhoben werden können.
- ❒ … sie die Darstellung intraindividueller Unterschiede ermöglichen.
- ❒ … sich die Stichprobe im Vergleich zu Längsschnittstudien einfacher gewinnen lässt.

2.2 Längsschnittstudien bieten für die entwicklungspsychologische Forschung verschiedene Vorteile, da …

- ❒ … sie über den gesamten Untersuchungszeitraum eine höhere Teilnahmebereitschaft im Vergleich zu Querschnittstudien aufweisen.
- ❒ … sie die Darstellung intraindividueller Unterschiede ermöglichen.
- ❒ … sowohl inter- als auch intraindividuelle Unterschiede berücksichtigt werden können.
- ❒ … sie mit relativ geringen Kosten verbunden sind.

2.3 Nachteile von Querschnittsuntersuchungen sind, dass …

- [ ] … nur zu einem Messzeitpunkt die Möglichkeit besteht, eine Gruppe von Personen zu befragen.
- [ ] … eine hohe Gefahr besteht, dass viele Probanden die Stichprobe über den Untersuchungszeitraum verlassen.
- [ ] … Kohorteneffekte auftreten können.
- [ ] … Testungseffekte und selektierte Probanden auftreten können.

2.4 Nachteile von Längsschnittuntersuchungen sind, dass …

- [ ] … zu einem Messzeitpunkt die Möglichkeit besteht, eine Gruppe von Personen zu befragen.
- [ ] … eine hohe Gefahr besteht, dass viele Probanden die Stichprobe über den Untersuchungszeitraum verlassen.
- [ ] … Kohorteneffekte auftreten können.
- [ ] … Testungseffekte und selektierte Probanden auftreten können.

2.5 Durch die Kombination von Quer- und Längsschnittuntersuchungen können die jeweiligen Nachteile minimiert werden. Diese Art von Design nennt man …

- [ ] … Konvergenzmodelle.
- [ ] … Panel-Designs.
- [ ] … Quoten-Pläne.
- [ ] … Trend-Designs.

2.6 Entwicklungsprozesse, die für Entwicklungspsychologen von Interesse sind, setzen …

- ☐ … bereits vor der Geburt ein und ziehen sich über die gesamte Lebensspanne.
- ☐ … im Säuglingsalter ein und ziehen sich bis ins frühe Erwachsenenalter.
- ☐ … mit der Geburt ein und ziehen sich bis zur Pubertät.
- ☐ … bereits vor der Geburt ein und ziehen sich bis ins mittlere Erwachsenenalter.

2.7 Typologisch werden nach Montada (2008) folgende Entwicklungstheorien unterschieden:

- ☐ exogenistische Entwicklungstheorien
- ☐ endogenistische Entwicklungstheorien
- ☐ interaktionistische Entwicklungstheorien
- ☐ subjektivistische Entwicklungstheorien

2.8 Entwicklungsprozesse können folgende Verläufe haben:

- ☐ kontinuierlich
- ☐ diskontinuierlich
- ☐ kategorial
- ☐ faktoriell

2.9 Wofür steht das „Über-Ich"?

- ☐ Realitätsprinzip
- ☐ Moralitätsprinzip
- ☐ Lustprinzip
- ☐ Triebprinzip

2.10 Das „Ich" wehrt sich gegen Ängste und setzt dazu eine Reihe von Mechanismen der Angstabwehr in Gang. Ein sehr bekannter Abwehrmechanismus ist dabei die …

- ☐ … Resignation.
- ☐ … Hysterie.
- ☐ … Triebbefriedigung.
- ☐ … Verdrängung.

2.11 Notieren Sie die richtige Reihenfolge (1= zuerst bis 3= zuletzt), in der sich die Instanzen der Persönlichkeit nach Freud im Laufe der Entwicklung herausbilden.

- ☐ Über-Ich (__)
- ☐ Es (__)
- ☐ Ich (__)

2.12 Benennen Sie die psychosexuellen Phasen nach Freud in der hierarchisch korrekten Reihenfolge und ordnen Sie ihnen das entsprechende Lebensalter zu.

- ______________________, Alter: ______________
- ______________________, Alter: ______________
- ______________________, Alter: ______________
- ______________________, Alter: ______________
- ______________________, Alter: ______________

2.13 Nach Freuds Persönlichkeitsmodell ist das „Es" …

☐ … unbewusst.

☐ … anteilig unbewusst und bewusst.

☐ … anteilig bewusst und vorbewusst.

☐ … bewusst.

2.14 Wenn Freud vom „Motor" der Entwicklung spricht, so meint er …

☐ … den Ödipus-Komplex.

☐ … Thanatos und Eros.

☐ … „Es", „Ich" und „Über-Ich".

☐ … Kastrationsangst und Penisneid.

2.15 Ursachen einer Fixierung in den frühen Phasen der Entwicklung sind nach Freud zurückzuführen auf …

☐ … Triebfrustration in einer frühen Phase.

☐ … einen nicht angeborenen Trieb.

☐ … Triebverwöhnung in einer frühen Phase.

☐ … eine zu geringe Ausbildung des „Über-Ichs".

2.16 Was versteht Freud in seiner Persönlichkeitstheorie unter dem „Es"?

- ☐ Das „Es" ist der Sitz der primären Triebe.
- ☐ Das „Es" ist der vorbewusste Teil der moralischen Instanz.
- ☐ Das „Es" arbeitet irrational, impulsgetrieben und drängt auf unmittelbaren Ausdruck.
- ☐ Das „Es" besitzt sowohl bewusste als auch unbewusste Anteile.

2.17 Die Pubertät wird nach Freud durch die folgende Phase eingeleitet:

- ☐ Latenzphase
- ☐ anale Phase
- ☐ genitale Phase
- ☐ orale Phase

2.18 Was versteht Freud in seiner Persönlichkeitstheorie unter dem „Über-Ich"?

- ☐ Das „Über-Ich" vermittelt zwischen den Instanzen „Es" und „Ich".
- ☐ Das „Über-Ich" ist der Sitz der Werte und moralischen Einstellungen.
- ☐ Das „Über-Ich" ist unbewusst.
- ☐ Das „Über-Ich" vermittelt zwischen dem „Ich" und der Realität.

2.19 Was versteht Freud in seiner Persönlichkeitstheorie unter dem „Ich"?

- ☐ Das „Ich" wird vom Lustprinzip beherrscht.
- ☐ Das „Ich" ist der Vermittler zwischen dem „Es" und dem „Über-Ich".
- ☐ Das „Ich" wird vom Realitätsprinzip beherrscht.
- ☐ Das „Ich" enthält auch das „Ich-Ideal".

2.20 Wie lautet die korrekte Abfolge der Phasen innerhalb der psychosexuellen Entwicklungstheorie Freuds?

- ☐ anale Phase, orale Phase, phallische Phase, Latenzphase, genitale Phase
- ☐ anale Phase, orale Phase, genitale Phase, Latenzphase, phallische Phase
- ☐ orale Phase, anale Phase, phallische Phase, Latenzphase, genitale Phase
- ☐ orale Phase, anale Phase, phallische Phase, genitale Phase, Latenzphase

2.21 Der Grundgedanke der psychosexuellen Entwicklungstheorie nach Freud beinhaltet, dass …

- ☐ … das Individuum in erster Linie von seinen Trieben gesteuert wird.
- ☐ … Individuen träumen, um unbewusste und bewusste Teile des Selbst in Kontakt treten zu lassen.
- ☐ … „Es", „Ich" und „Über-Ich" von Geburt an vorhanden sind.
- ☐ … Störungen im Erwachsenenalter auf Fehlentwicklungen in der Kindheit zurückzuführen sind.

2.22 Das klassische psychoanalytische Paradigma …

- ☐ … hat sich empirisch zufriedenstellend bewährt.
- ☐ … hat sich empirisch unzureichend bewährt.
- ☐ …verwendet für eine empirische Überprüfung zu unscharfe Begriffe.
- ☐ … wird in der Regel mittels Fragebögen untersucht.

2.23 Erikson geht in seiner Theorie der psychosozialen Entwicklung davon aus, dass …

- ☐ … der Mensch in erster Linie von seinen Umwelterfahrungen geprägt wird.
- ☐ … die Eigenaktivität des Individuums die Triebsteuerung ergänzt.
- ☐ … die meisten Entwicklungsprozesse triebgesteuert sind.
- ☐ … die Entwicklung in einer sozialen Umgebung und durch das Bewältigen von Krisen geschieht.

2.24 Welche Stufen folgen innerhalb der psychosozialen Entwicklungstheorie Eriksons korrekt aufeinander?

- ☐ Urvertrauen vs. Misstrauen; Autonomie vs. Scham und Zweifel; Initiative vs. Schuldgefühl; Identität vs. Identitätsdiffusion
- ☐ Identität vs. Identitätsdiffusion; Intimität vs. Isolierung; Generativität vs. Stagnation; Ich-Integrität vs. Verzweiflung
- ☐ Initiative vs. Schuldgefühl; Werksinn vs. Minderwertigkeitsgefühl; Identität vs. Identitätsdiffusion
- ☐ Urvertrauen vs. Misstrauen; Initiative vs. Schuldgefühl; Identität vs. Identitätsdiffusion; Ich-Integrität vs. Verzweiflung

2.25 Wie viele Stufen umfasst das Modell von Erikson insgesamt?

- ☐ sechs
- ☐ sieben
- ☐ acht
- ☐ neun

2.26 Im Unterschied zur Theorie von Freud gilt für die Theorie von Erikson:

- ❐ Die Theorie basiert nicht auf psychoanalytischen Grundlagen.
- ❐ Erikson erläutert seine Theorie nicht anhand eines Stufen- bzw. Phasenkonzepts.
- ❐ Sie berücksichtigt stärker die psychosoziale Entwicklung des Menschen.
- ❐ Es wird die Relevanz kognitiver Schemata postuliert.

2.27 Ein wesentlicher Unterschied zwischen Freud und Erikson ist:

- ❐ Nur einer von beiden betrachtet die gesamte Lebensspanne.
- ❐ Erikson geht nicht von Trieben als einziger Entwicklungskraft aus.
- ❐ Freud berücksichtigt auch verstärkt die kognitive Entwicklung.
- ❐ Nur einer von beiden betont das soziale Umfeld.

2.28 Die Theorie von Erikson …

- ❐ … basiert auf der Theorie von Freud.
- ❐ … wird auch als interaktionistisches Stadienmodell bezeichnet.
- ❐ … beschäftigt sich mit atypischen Krisen.
- ❐ … fokussiert das Persönlichkeitsentwicklung über die gesamte Lebensspanne.

2.29 Die phallische Phase nach Freud entspricht bei Erikson folgender Stufe:

- ❐ Autonomie vs. Scham und Zweifel
- ❐ Initiative vs. Schuldgefühl
- ❐ Werksinn vs. Minderwertigkeitsgefühl
- ❐ Identität vs. Identitätsdiffusion

2.30 Wodurch kommt die Entwicklung nach Erikson zustande?

- ❒ Für die Entwicklung zentral ist die Synaptogenese.
- ❒ In jeder Phase ist ein zentraler Konflikt zu lösen.
- ❒ Entwicklung wird durch die Auseinandersetzung zwischen Individuum und sozialer Umwelt vorangetrieben.
- ❒ Entwicklung entsteht durch normative Erwartungen.

Zentrale Entwicklungstheorien: Kognitive Entwicklung (Jean Piaget)

2.31 „Prälogisches Schlussfolgern" tritt laut Piaget auf im …

- ❒ … sensumotorischem Stadium.
- ❒ … Stadium der konkreten Operationen.
- ❒ … präoperativem Stadium.
- ❒ …Stadium der formalen Operationen.

2.32 Nennen Sie den Motor der Entwicklung nach Piaget:

- ❒ Defibrillation
- ❒ Sozialisation
- ❒ Äquilibration
- ❒ Adaption

2.33 Piaget hat überwiegend folgende Forschungsmethoden eingesetzt:

- ❒ Experiment
- ❒ Beobachtung
- ❒ klinisches Interview
- ❒ Umfrage

2.34 Was beschreibt der Begriff der Assimilation bei kognitiven Austauschprozessen nach Piaget?

- [ ] Den Prozess, durch den Menschen eintreffende Informationen in eine Form überführen, die sie verstehen können.
- [ ] Die allgemeine Tendenz lebender Systeme, Strukturen zu systematisieren, hierarchisch zu koordinieren und in komplexe Systeme zu integrieren.
- [ ] Den Prozess, durch den Kinder (und andere Menschen) ein stabileres Verstehen schaffen.
- [ ] Den Prozess, durch den Menschen vorhandene Wissensstrukturen als Reaktion auf neue Erfahrungen anpassen.

2.35 Wie lautet die korrekte Abfolge der Phasen innerhalb der Entwicklungstheorie Piagets?

- [ ] präoperative Phase, sensumotorische Phase, konkret-operative Phase, formal-operative Phase
- [ ] präoperative Phase, sensumotorische Phase, formal-operative Phase, konkret-operative Phase
- [ ] sensumotorische Phase, präoperative Phase, konkret-operative Phase, formal-operative Phase
- [ ] sensumotorische Phase, präoperative Phase, formal-operative Phase, konkret-operative Phase

2.36 Die Fähigkeit von Kindern zum Perspektivwechsel untersuchte Piaget mit Hilfe des …

- [ ] … Umschüttversuchs.
- [ ] … Drei-Berge-Versuchs.
- [ ] … Heinz-Dilemmas.
- [ ] … Rouge-Tests.

2.37 Egozentrisches, rigides und prälogisches Denken findet man laut Piaget vor allem bei Kindern in der …

- ❒ … sensumotorischen Phase.
- ❒ … präoperationalen Phase.
- ❒ … konkret-operationalen Phase.
- ❒ … formal-operationalen Phase.

2.38 Welche Fähigkeiten besitzen Kinder nach dem Durchlaufen der präoperationalen Phase?

- ❒ Sie können hypothetische Zustände mit realen Zuständen vergleichen.
- ❒ Sie haben bereits seit längerem ein Verständnis dafür, dass Gegenstände weiter existieren, auch wenn sie nicht mehr sichtbar sind.
- ❒ Sie können Operationen anwenden, also Klassen und Serien bilden.
- ❒ Sie können zwischen sich selbst und ihrer Umwelt unterscheiden.

2.39 Einem Kind wird eine Rassel gegeben. Es schaut sie neugierig an, steckt sie in den Mund und saugt schließlich daran. Das Kind hat die Rassel an die Aktivität des Saugens …

- ❒ … akkomodiert.
- ❒ … assimiliert.
- ❒ … adaptiert.
- ❒ … strukturiert.

2.40 Ein Kind wird aufgefordert, eine zufällige Anordnung von Bauklötzen nach der Größe aufzureihen. Das Kind meistert diese Aufgabe erfolgreich. In welcher Entwicklungsphase befindet sich dieses Kind laut Piagets kognitivem Entwicklungsmodell mindestens?

- ☐ konkret-operationale Phase
- ☐ sensumotorische Phase
- ☐ präoperationale Phase
- ☐ formal-operationale Phase

2.41 Benennen Sie die korrekte Abfolge der Entwicklungsphasen nach Piaget mit den dazugehörigen Altersangaben.

- ☐ ______________________________, Alter (ca.): ________________
- ☐ ______________________________, Alter (ca.): ________________
- ☐ ______________________________, Alter (ca.): ________________
- ☐ ______________________________, Alter (ca.): ________________

2.42 Assimilation geht nach Piaget direkt und in jedem Fall einher mit …

- ☐ … Umwelterfahrungen.
- ☐ … Adaptation.
- ☐ … Veränderung individueller Schemata/Strukturen.
- ☐ … Anpassung an bestehende kognitive Schemata/Strukturen.

2.43 Wie hat Kohlberg das jeweilige Niveau des moralischen Urteils ermittelt?

- ❐ Indem er die Versuchspersonen in tiefenpsychologischen Sitzungen befragt hat.
- ❐ Indem er Angehörige befragt hat.
- ❐ Indem er die Versuchspersonen mit Gewaltsituationen konfrontiert hat.
- ❐ Indem er die Versuchspersonen mit moralischen Dilemmata-Situationen konfrontiert hat.

2.44 Auf der Basis der Überlegungen welchen Theoretikers hat Kohlberg sein Stufenkonzept entwickelt?

- ❐ Freud
- ❐ Erikson
- ❐ Piaget
- ❐ Havighurst

2.45 Das Stufenmodell von Kohlberg zeichnet sich dadurch aus, dass die …

- ❐ … Stufen aufeinander aufbauen.
- ❐ … Stufen der Reihe nach durchlaufen werden.
- ❐ … vorherige Stufe keine Voraussetzung zum Erreichen der nächsthöheren darstellt.
- ❐ … Stufen übersprungen werden können.

2.46 Wie lautet die korrekte Abfolge der Stufen innerhalb der Entwicklung des moralischen Urteilens von Kohlberg?

- ❐ Strafe und Gehorsam, Naiver instrumenteller Hedonismus, Interpersonale oder Gruppenperspektive, Gesellschaftsperspektive, Orientierung am Gesellschaftsvertrag, Orientierung an universellen Prinzipien
- ❐ Naiver instrumenteller Hedonismus, Strafe und Gehorsam, Interpersonale oder Gruppenperspektive, Gesellschaftsperspektive, Orientierung am Gesellschaftsvertrag, Orientierung an allgemeingültigen Prinzipien
- ❐ Naiver instrumenteller Hedonismus, Strafe und Gehorsam, Interpersonale oder Gruppenperspektive, Orientierung am Gesellschaftsvertrag, Gesellschaftsperspektive, Orientierung an allgemeingültigen Prinzipien
- ❐ Strafe und Gehorsam, Naiver instrumenteller Hedonismus, Interpersonale oder Gruppenperspektive, Gesellschaftsperspektive, Orientierung an allgemeingültigen Prinzipien, Orientierung am Gesellschaftsvertrag

2.47 In Kohlbergs Entwicklungsmodell besteht die Möglichkeit, …

- ❐ … zwei Stufen auf einmal zu überwinden.
- ❐ … im Stufensystem zurückzufallen.
- ❐ … Stufen wiederholt zu durchlaufen.
- ❐ … Hochbegabung anhand des Erreichens der höchsten Stufe zu erkennen.

2.48 Das Entwicklungsmodell von Kohlberg ist laut eigener Aussage …

- ❑ … universell gültig.
- ❑ … abhängig vom individuellen Entwicklungsstand.
- ❑ … nur in entwickelten Industriestaaten gültig.
- ❑ … abhängig vom kognitiven Entwicklungsstand des Individuums.

2.49 Die Entwicklungstheorie Kohlbergs …

- ❑ … basiert auf den Grundgedanken der Psychoanalyse.
- ❑ … berücksichtigt in seinen Überlegungen den kognitiven Entwicklungsstand des Menschen.
- ❑ … basiert auf empirischen Befunden.
- ❑ … geht davon aus, dass Menschen von höheren moralischen Entwicklungsstufen auf niedrigere Stufen zurückfallen können.

2.50 Ordnen Sie nachfolgende Aussagen dem jeweiligen Entwicklungsniveau (präkonventionell, konventionell, postkonventionell) Kohlbergs zu:

- „Der Mann sollte das Medikament für seine kranke Frau stehlen, weil das Risiko, gefasst zu werden, sehr gering ist."
  ____________________ Niveau

- „Heinz sollte das Medikament nicht stehlen, der Apotheker selbst, aber auch Verwandte Freunde und Bekannte könnten ihn für kriminell halten." ____________________ Niveau

- „Im Prinzip dürfte der Mann das Medikament nicht stehlen, weil Diebstahl aus guten Gründen verboten ist. Das Gesetz müsste aber für Ausnahmefälle geändert werden. Darauf kann der Mann nicht warten und sollte deshalb das Medikament stehlen."
  ____________________ Niveau

2.51 Wesentliche Kritik an Kohlbergs Modell besteht im Folgenden:

- ☐ Denken und Handeln hängen nicht zwingend miteinander zusammen.
- ☐ Ein moralisches Urteil zeigt sich nicht in Dilemma-Situationen.
- ☐ Denken und Handeln hängen zwingend miteinander zusammen.
- ☐ Kulturelle Einflüsse auf moralische Urteile wurden vernachlässigt.

Entwicklungsaufgaben

2.52 Was ist unter einer intrapersonalen Entwicklungsaufgabe zu verstehen?

- ☐ Auseinandersetzung mit äußeren Veränderungen
- ☐ Auseinandersetzung mit inneren Veränderungen
- ☐ Auseinandersetzung mit kulturellen Ansprüchen, Vorgaben und Entwicklungsmöglichkeiten
- ☐ Auseinandersetzung mit biologischen Kompetenzen

2.53 Welche Ressourcen sind für Jugendliche zur erfolgreichen Bewältigung von Entwicklungsaufgaben besonders hilfreich?

- ☐ soziokognitive Kompetenzen
- ☐ elterliches Stützsystem
- ☐ Leistungserfolge
- ☐ Ich-Stärke

2.54 Welche der folgenden Definitionen für Entwicklungsaufgaben ist korrekt?

- ❐ Entwicklungsaufgaben bezeichnen die Umsetzung von körperlichen, psychischen, sozialen und ökologischen Anforderungen einzelner Lebensphasen in individuelle Verhaltensprogramme.
- ❐ Entwicklungsaufgaben ermöglichen jedem Individuum das Gleichgewicht zwischen bereits bewältigten Anforderungen und den eigenen oder gesellschaftlichen Erwartungen zu erkennen.
- ❐ Unter einer Entwicklungsaufgabe werden psychisch und sozial vorgegebene Erwartungen und Anforderungen verstanden, die an eine Person in einem bestimmten Lebensabschnitt gestellt werden.
- ❐ Entwicklungsaufgaben definieren für jedes Individuum die vorgegebenen Anpassungs- und Bewältigungsschritte, denen es sich bei Auseinandersetzung mit inneren und äußeren Anforderungen stellen muss.

2.55 Welche Entwicklungsaufgaben müssen im Alter von 6-12 Jahren nach Havighurst bewältigt werden?

- ❐ Entwicklung von Gewissen, Moral, und einer Werteskala
- ❐ Erwerb der Kulturtechniken
- ❐ Hinwendung zu Gleichaltrigen
- ❐ Phantasie und Spiel

2.56 Welche der folgenden Entwicklungsaufgaben sind für das Jugendalter typisch?

- ❐ Hinwendung zu Gleichaltrigen
- ❐ Erwerb der Kulturtechniken
- ❐ Loslösung vom Elternhaus
- ❐ Vorbereitung auf berufliche Karriere

Bindungsverhalten

2.57 Welche Theoretikerin hat sich in ihrer Forschung mit dem Bindungsverhalten beschäftigt?

- ☐ Anne-Marie Tausch
- ☐ Anna Freud
- ☐ Mary Ainsworth
- ☐ Margaret Mead

2.58 Bowlbys Bindungstheorie wird von folgenden Grundgedanken geleitet:

- ☐ Frühkindliche Beziehungen haben keinen Einfluss auf spätere Beziehungen.
- ☐ Die physische Grundversorgung von Säuglingen und Kleinkindern reicht für eine gesunde Entwicklung aus.
- ☐ Das Kind hat eine angeborene Prädisposition, sich an seine Bezugsperson zu binden.
- ☐ Nur auf der Grundlage einer sicheren Bindung zu seiner Bezugsperson erkundet das Kind seine Umwelt und erweitert somit seine Kompetenzen.

2.59 Bindungs- und Explorationsverhalten sind …

- ☐ … synonym zueinander.
- ☐ … komplementär zueinander.
- ☐ … gegensätzlich zueinander.
- ☐ … keine der genannten Antworten ist korrekt.

2.60 Unsicher-ambivalent gebundene Kinder …

- ❒ … zeigen sehr starkes Klammern an ihre Bezugsperson und eine permanente Suche nach deren Nähe.
- ❒ … lassen sich bei einer Trennung kaum durch fremde Personen beruhigen.
- ❒ … zeigen bei der Wiederkehr der Bezugsperson Freude und Explorationsverhalten.
- ❒ … lassen sich durch fremde Personen schnell trösten.

2.61 Unsicher-vermeidend gebundene Kinder …

- ❒ … zeigen geringe Beunruhigung bei einer Trennung und kaum Kummer.
- ❒ … verhalten sich bei der Wiederkehr der Bezugsperson widersprüchlich.
- ❒ … zeigen ähnliches Verhalten gegenüber fremden Personen wie gegenüber Bezugsperson.
- ❒ … suchen erst bei der Wiederkehr stark die Nähe zur Bezugsperson.

2.62 Kinder, die kein eindeutiges Muster im Verhalten gegenüber ihrer Bezugsperson zeigen, werden bezeichnet als …

- ❒ … unsicher-vermeidend gebundene Kinder.
- ❒ … sicher-ambivalent gebundene Kinder.
- ❒ … sicher-unsicher gebundene Kinder.
- ❒ … desorganisiert gebundene Kinder.

2.63 Mit welcher Methode wurden die Bindungsstile weiterentwickelt und operationalisiert?

- ☐ Bekannte-Fremde-Test
- ☐ Fremde-Situation-Test
- ☐ Reaktions-Fremde-Test
- ☐ Bindung-Situation-Test

2.64 Folgender Bindungstyp tritt in Deutschland am häufigsten auf:

- ☐ sicher gebundene Kinder
- ☐ vermeidend-gebundene Kinder
- ☐ ambivalent-gebundene Kinder
- ☐ desorganisiert-desorientiert gebundene Kinder

2.65 Bezugspersonen sicher gebundener Kinder zeigen überwiegend folgendes Verhalten:

- ☐ Sie interpretieren die Äußerungen des Kindes angemessen.
- ☐ Sie reagieren kontinuierlich auf die Reaktionen des Kindes.
- ☐ Sie reagieren häufig gleichgültig auf das Kind, um es möglichst früh zur Selbstständigkeit zu erziehen.
- ☐ Sie kommen dem Bedürfnis nach emotionaler und körperlicher Nähe ihrer Kinder zuverlässig nach.

2.66 Affiliation …

- ❒ … bezeichnet den Zusammenhang zwischen Werten und Normen.
- ❒ … bezeichnet die Tendenz, unabhängig von den Gefühlen gegenüber anderen Personen die Gesellschaft anderer zu suchen.
- ❒ … bezeichnet den Zusammenhang zwischen dem Individuum und der Gemeinschaft.
- ❒ … bezeichnet die Tendenz, abhängig von den Gefühlen gegenüber anderen Personen zu sein und deshalb die Gesellschaft anderer zu suchen.

2.67 Mit der Affiliation werden folgende Bedürfnisse befriedigt:

- ❒ erotischer Kontakt zu anderen Menschen mit direktem Zweck
- ❒ sozialer Kontakt zu anderen Menschen ohne direkten Zweck
- ❒ seelischer Kontakt zu anderen Menschen ohne direkten Zweck
- ❒ körperlicher Kontakt zu anderen Menschen ohne direkten Zweck

2.68 Welche zentralen Merkmale kennzeichnen die höchste Niveaustufe der Freundschaftsbeziehungen nach Selman?

- ❒ offene, veränderbare Beziehungssysteme
- ❒ Beitrag der Freundschaft zum Gefühl persönlicher Identität
- ❒ physische und funktionale Ähnlichkeiten als Merkmal eines Freundes
- ❒ Bedeutung äußerer Handlungen des Freundes, die aus eigener Sicht gewünscht werden

2.69 „Freundschaften werden als wichtig empfunden, weil das Kind der Überzeugung ist, dass Menschen den Umgang mit anderen brauchen. Vorlieben und Abneigungen müssen koordiniert werden." Bennen Sie hierzu die korrekte Stufe in der Entwicklung von Freundschaftskonzepten nach Selman:

- ☐ Stufe 1 der Entwicklung von Freundschaftskonzepten
- ☐ Stufe 2 der Entwicklung von Freundschaftskonzepten
- ☐ Stufe 3 der Entwicklung von Freundschaftskonzepten
- ☐ Stufe 4 der Entwicklung von Freundschaftskonzepten

Merkmale des Jugendalters

2.70 Welche Bedeutung hat die Peergroup für Heranwachsende?

- ☐ Peer-Beziehungen tragen zur Entwicklung des Selbstbildes bei.
- ☐ Peerkontakte schaffen zentrale Rückzugsmöglichkeiten und helfen bei der Ablösung vom Elternhaus.
- ☐ Die Peergroup kann durch ihre asymmetrische Anordnung auch Minderwertigkeitsgefühle verstärken.
- ☐ Durch Identifikations- und Selbstdarstellungsspielräume ermöglicht die Peergroup Jugendlichen eine Selbstdefinition.

2.71 Welche kognitiven Veränderungen sind in der Pubertät zu beobachten?

- ☐ Jugendliche fangen an, Probleme systematisch zu analysieren und Hypothesen abzuleiten.
- ☐ Sie beziehen sich bei ihren Analysen auf Erscheinungen der Umwelt.
- ☐ Eine Folge der erhöhten kognitiven Komplexität ist erhöhte Streitlust.
- ☐ Jugendliche zweifeln familiäre als auch gesellschaftliche Regeln, Werte und Normen an.

2.72 Wodurch entstehen typische Konflikte zwischen Eltern und Jugendlichen?

- ❒ Deidealisierung der Eltern
- ❒ Differenzen hinsichtlich der mit der Familie verbrachten Freizeit
- ❒ unterschiedliche Auffassungen hinsichtlich bestimmter Verantwortlichkeiten und Verhaltensweisen
- ❒ Essensgewohnheiten

2.73 Die Ablösung vom Elternhaus gilt als gelungen, wenn Jugendliche …

- ❒ … die Werte und Normen der Eltern übernommen haben.
- ❒ … ein selbstständiges Leben führen können.
- ❒ … die Werte und Normen der Eltern kritisch hinterfragt haben.
- ❒ … ein distanziertes Verhältnis zu den Eltern aufgebaut haben.

2.74 Nennen Sie typische Anforderungen an Jugendliche:

- ❒ Übernahme einer individuellen Geschlechtsrolle
- ❒ Verantwortung als Staatsbürger ausüben
- ❒ Akzeptieren der eigenen körperlichen Erscheinung
- ❒ Vorbereitung auf Ehe und Familienleben

2.75 Welche Entwicklungsaufgabenbereiche werden in der Adoleszenz unterschieden?

- ❒ intermodaler Bereich
- ❒ intrapersonaler Bereich
- ❒ intersozialer Bereich
- ❒ interpersonaler Bereich

2.76 Welche Stufen in Eriksons psycho-sozialem Entwicklungsmodell beschäftigen sich mit dem mittleren und höheren Erwachsenenalter?

- ❐ Generativität vs. Stagnation
- ❐ Intimität vs. Isolation
- ❐ Integrität vs. Verzweiflung
- ❐ Identität vs. Resignation

2.77 Das SOK-Modell…

- ❐ … beschreibt den erfolgreichen Umgang mit Krankheiten im Alter.
- ❐ … wurde von Baltes & Baltes entworfen.
- ❐ … beschäftigt sich mit dem erfolgreichen Altern.
- ❐ … wurde von Heckhausen entworfen.

2.78 Folgende Modelle beschreiben Theorien erfolgreichen Alterns:

- ❐ Aktivitätstheorie
- ❐ Passivitätstheorie
- ❐ Disengagement-Theorie
- ❐ Modell der Optimierung durch primäre und sekundäre Kontrolle

2.79 Welches Modell stellt die Vermutung auf, dass sich ältere Menschen soziale Isolierung wünschen?

- ❐ Aktivitätstheorie
- ❐ Disengagement-Theorie
- ❐ SOK-Modell
- ❐ OPS-Modell

2.80 Grundannahmen der Aktivitätstheorie sind, …

- ❐ … dass das Individuum zufrieden ist, wenn es aktiv ist und innerhalb der Gesellschaft eine Funktion übernimmt.
- ❐ … dass es einen Zusammenhang zwischen individuellen sozialen Aktivitäten und der subjektiven Lebenszufriedenheit gibt.
- ❐ … dass es einen Zusammenhang zwischen individuellen Funktionen und der subjektiven Lebenszufriedenheit gibt.
- ❐ … dass das Individuum zufrieden ist, wenn es sich aktiv um seine subjektive Lebenszufriedenheit kümmert.

2.81 Folgende Grundannahmen lassen sich dem SOK-Modell zuordnen:

- ❐ Lebenszufriedenheit als subjektives Kriterium reicht nicht für erfolgreiches Altern aus.
- ❐ Auch für ältere Menschen sind Ziele bedeutsam.
- ❐ Ältere Menschen suchen bewusst sportliche Aktivitäten auf.
- ❐ Es ist wichtig für ältere Menschen, sich zu isolieren, um sich optimal auf ihr Lebensende vorbereiten zu können.

2.7 Literatur

Ainsworth, M.D.S., Blehar, M.C., Waters, E. & Wall, S. (1978). Patterns of attachment: A psychological study of the strange situation. Hillsdale, NJ: Erlbaum.

Arnett, J.J. (2000). Emerging adulthood: A theory of development from the late teens through the twenties. American Psychologist, 55(5), 469-480.

Asendorpf, J.B. (2011). Persönlichkeitspsychologie - für Bachelor (2. Aufl.). Heidelberg: Springer.

Asendorpf, J.B. (2007). Psychologie der Persönlichkeit (4. Aufl.). Heidelberg: Springer.

Baltes, P.B. (1997). On the incomplete architecture of human ontogeny: Selection, optimization, and compensation as foundation of developmental theory. American Psychologist, 52(4), 366-380.

Baltes, P.B., & Baltes, M.M. (1990). Psychological perspectives on successful aging: The model of selective optimization with compensation. In P.B. Baltes & M.M. Baltes (Eds.), Successful aging: Perspectives from the behavioral sciences (S. 1–34). Cambridge: Cambridge Univ. Press.

Baltes, P.B. & Freund, A.M. (2005). Entwicklungsaufgaben als Organisationsstrukturen von Entwicklung und Entwicklungsoptimierung. In S.H. Filipp &. U.M. Staudinger (Hrsg.), Enzyklopädie der Psychologie. Theorie und Forschung, Entwicklungspsychologie, Entwicklungspsychologie des mittleren und höheren Erwachsenenalters (S. 35-78). Göttingen: Hogrefe.

Baltes, P.B., Lindenberger, U. & Staudinger, U.M. (2006). Life span theory in developmental psychology. In W. Damon & R.M. Lerner (Eds.), Handbook of child psychology Vol. 1: Theoretical models of human development, 6th ed. (S. 569-664). New York: Wiley.

Baltes, P.B., Staudinger, U.M., & Lindenberger, U. (1999). Lifespan Psychology: Theory and Application to Intellectual Functioning. Annual Review of Psychology, 50, 471-507.

Bell, R.Q. (1953). Convergence: An accelerated longitudinal approach. Child Development, 24(2), 145-152.

Berk, L.E. (2011). Entwicklungspsychologie (5. Aufl.). München: Pearson Studium.

Blau, P.M. (1964). Exchange and Power in Social Life. New York: Wiley.

Bourne, L.E. & Ekstrand, B.R. (2001). Einführung in die Psychologie (3. Aufl.). Eschborn: Klotz.

Bowlby, J. (2008). Bindung als sichere Basis: Grundlagen und Anwendungen der Bindungstheorie. München: Reinhardt.
Bowlby, J. (2005). Frühe Bindung und kindliche Entwicklung (5. Aufl.). München: Reinhardt.
Brandtstädter, J. & Lindenberger, U. (Hrsg.). (2007). Entwicklungspsychologie der Lebensspanne. Ein Lehrbuch. Stuttgart: Kohlhammer.
Bronfenbrenner, U. (1979). The ecology of human development: Experiments by nature and design. Cambridge, MA: Harvard University Press.
Buhrmester, D. (1996). Need fulfillment, interpersonal competence and the developmental contexts of early adolescent friendship. In W.M. Bukowski, A.F. Newcomb & W.W. Hartup (Eds.). The company they keep. Friendship in childhood and adolescence (S. 158-185). Cambridge: Cambridge University Press.
Caselman, T.D., Self, P.A. & Self, A.L. (2006). Adolescent attributes contributing to the imposter phenomenon. Journal of Adolescence, 29(3), 395-405.
Cattell, R.B. (1963). Theory of fluid and crystallized intelligence: A vertical experiment. Journal of Educational Psychology, 54(1), 1-22.
Colby, A. & Kohlberg, L. (1987). The measurement of moral judgment. Cambridge: Cambridge University Press.
Colby, A., Kohlberg, L., Gibbs, J. & Lieberman, M. (1983). A longitudinal study of moral judgment. Monographs of the Society for Research in Child Development, 48(1/2), 1-124.
Coles, R. (1974). Erik H. Erikson: Leben und Werk. München: Kindler.
Coopersmith, S. (1967). The antecedents of self-esteem. San Francisco: Freeman.
Cumming, E. & Henry, W.E. (1961). Growing Old. New York: Basic.
Dawson, T.L. (2002). New tools, new insight: Kohlberg's moral judgement stages revisited. International Journal of Behavioral Development, 26(2), 154-166.
Deci, E.L. & Ryan, R.M. (1985). Intrinsic motivation and self-determination in human behavior. New York: Plenum Press.
Diamond, J. (1998). Warum macht Sex Spaß? Die Evolution der menschlichen Sexualität. München: Goldmann.
Ehmer, J. (2009). Altersbilder im Spannungsfeld von Arbeit und Ruhestand. Historische und aktuelle Perspektiven. In J. Ehmer & O. Höffe (Hrsg.). Bilder des Alterns im Wandel: historische, interkulturelle, theoretische

und aktuelle Perspektiven (S. 209-234) (Altern in Deutschland Band 1). Stuttgart: Wissenschaftliche Verlagsgesellschaft.

Erikson, E.H. (2005). Der vollständige Lebenszyklus. Frankfurt a. M.: Suhrkamp.

Erikson, E.H. (1974). Jugend und Krise: Die Psychodynamik im sozialen Wandel (2. Aufl.). Stuttgart: Klett.

Erikson, E.H. (1959). Identity and the life cycle. New York: International Universities Press.

Fend, H. (2005). Entwicklungspsychologie des Jugendalters (3. Aufl.). Wiesbaden: VS.

Flammer, A. & Alsaker, F.D. (2002). Entwicklungspsychologie der Adoleszenz: Die Erschließung innerer und äußerer Welten im Jugendalter. Bern: Huber.

Flammer, A. (1996). Entwicklungstheorien: Psychologische Theorien der menschlichen Entwicklung. Bern: Huber.

Freud, S. (1969). Vorlesungen zur Einführung in die Psychoanalyse (1916-17) und Neue Folge der Vorlesungen zur Einführung in die Psychoanalyse (1933) (Studienausgabe, Band I). Frankfurt a. M.: Fischer.

Freud, S. (1960). Abriss der Psychoanalyse. Das Unbehagen in der Kultur. Frankfurt a. M.: Fischer.

Freud, S. (1915). Triebe und Triebschicksale. In S. Freud, Psychologie des Unbewussten. Studienausgabe, Band III, Sonderausgabe 2000. Frankfurt a. M.: Fischer.

Freund, A.M. (2007). Selektion, Optimierung und Kompensation im Kontext persönlicher Ziele: Das SOK-Modell. In J. Brandtstädter & U. Lindenberger (Hrsg.), Entwicklungspsychologie der Lebensspanne. Ein Lehrbuch (S. 367-388). Stuttgart: Kohlhammer.

Fuligni, A.J. & Stevenson, H.W. (1995). Time use and mathematics achievement among American, Chinese and Japanese high school students. Child Development, 66(3), 830-842.

Gerrig, R.J. & Zimbardo, P.G. (2008). Psychologie (18. Aufl.). München: Pearson Studium.

Gilligan, C. (1982). In a different voice: Psychological theory and women's development. Cambridge, MA: Harvard University Press.

Gloger-Tippelt, G., Vetter, J. &. Rauh, H. (2000). Untersuchungen mit der „Fremden Situation" in deutschsprachigen Ländern: Ein Überblick. Psychologie in Erziehung und Unterricht, 47(2), 87-98.

Glück, J. & Heckhausen, J. (2001). Kognitives Training im Alter: Potential und Grenzen der Plastizität. In K. J. Klauer (Hrsg.), Handbuch Kognitives Training (S. 431-466). Göttingen: Hogrefe.

Göppel, R. (2005). Das Jugendalter: Entwicklungsaufgaben, Entwicklungskrisen, Bewältigungsformen. Stuttgart: Kohlhammer.

Grossmann, K.E. & Grossmann, K. (Hrsg.). (2009). Bindung und menschliche Entwicklung: John Bowlby, Mary Ainsworth und die Grundlagen der Bindungstheorie (2. Aufl.). Stuttgart: Klett-Cotta.

Grossmann, K.E. & Grossmann, K. (1995). Frühkindliche Bindung und Entwicklung individueller Psychodynamik über den Lebenslauf. Familiendynamik, 20, 171-192.

Haus, K.M. (2005). Neurophysiologische Behandlung bei Erwachsenen. Heidelberg: Springer.

Havighurst, R.J. & Taba, H. (1963). Adolescent character and personality. New York: Science Editions.

Heckhausen, J. (1999). Developmental regulation in adulthood: Agenormative and sociostructural constraints as adaptive challenges. Cambridge, England: Cambridge University Press.

Homans, G.C. (1961). Social behavior: Its elementary forms. London: Routledge & Kegan.

Hurrelmann, K. (2007). Lebensphase Jugend: Eine Einführung in die sozialwissenschaftliche Jugendforschung. Weinheim: Juventa.

Hurrelmann, K., Albert, M. & Quenzel, G. (2010). Jugend 2010: Eine pragmatische Generation behauptet sich (16. Shell Jugendstudie). Frankfurt a. M.: Fischer.

Ijzendoorn, M.H. van & Kroonenberg, P.M. (1988). Cross-Cultural Patterns of Attachment: A Meta-Analysis of the Strange Situation. Child Development, 59(1), 147-156.

Inhelder, B. & Piaget, J. (1958). The growth of logical thinking: from childhood to adolescence. New York: Basic Books.

Klauer, K.J. (2001). Trainingsforschung: Ansätze - Theorien - Ergebnisse. In K.J. Klauer (Hrsg.), Handbuch Kognitives Training (S. 3-66). Göttingen: Hogrefe.

Kohlberg, L., Althof, W. & Garz, D. (2007). Die Psychologie der Lebensspanne. Frankfurt a. M.: Suhrkamp.

Kohlberg, L., Althof, W., Noam, G.G. & Oser, F. (Hrsg.). (1995). Die Psychologie der Moralentwicklung. Frankfurt a. M.: Suhrkamp.

Kohlberg, L. & Ullman, D.Z. (1974). Stages in the development of psychosexual concepts and attitudes. In R. Friedman (Ed.), Sex Differences in Behavior (S. 209-222). New York: John Wiley and Sons.

Kohler, R. (2008). Jean Piaget. Bern: Haupt.

Köhler, T. (2007). Freuds Psychoanalyse: Eine Einführung (2. Aufl.). Stuttgart: Kohlhammer.

Kotchick, B.A., Shaffer, A., Forehand, R. & Miller, K.S. (2001). Adolescent sexual risk behavior: a multi-system perspective. Clinical psychology review, 21(4), 493-519.

Krampen, G. (2002). Persönlichkeits- und Selbstkonzeptentwicklung. In R. Oerter & L. Montada (Hrsg.), Entwicklungspsychologie (S. 675-710). Weinheim: Beltz.

Krampen, G. & Greve, W. (2008). Persönlichkeits- und Selbstkonzeptentwicklung über die Lebensspanne. In R. Oerter & L. Montada (Hrsg.), Entwicklungspsychologie (6. Aufl., S. 652-686). Weinheim: Beltz.

Krappmann, L. (2000). Soziologische Dimensionen der Identität. Strukturelle Bedingungen für die Teilnahme an Interaktionsprozessen. Stuttgart: Klett.

Kuhmerker, L., Gielen, U., Garz, D. & Hayes, R.L. (1996). Lawrence Kohlberg. Seine Bedeutung für die pädagogische und psychologische Praxis. München: Kindt Verlag.

Ladd, G.W., Birch, S.H. & Buhs, E.S. (1999). Children's social and scholastic lives in kindergarten: Related spheres of influence? Child Development, 70(6), 1373-1400.

Lefrançois, G.R. (2006). Psychologie des Lernens (4. Aufl.). Heidelberg: Springer.

Lehr, U. (2006). Psychologie des Alterns (11. Aufl.). Heidelberg: Quelle & Meyer.

Levinson, D.J. (1978). The seasons of a man's life. New York: Knopf.

Levinson, D.J. & Levinson, J.D. (1996). The seasons of a woman's life. New York: Knopf.

Lindenberger, U. & Schaefer, S. (2008). Erwachsenenalter und Alter. In R. Oerter & L. Montada (Hrsg.), Entwicklungspsychologie (6. Aufl.). Weinheim: Beltz.

List, E. (2009). Psychoanalyse: Geschichte, Theorien, Anwendungen. Wien: Facultas.

Lohaus, A., Vierhaus, M. & Maass, A. (2010). Entwicklungspsychologie des Kindes- und Jugendalters. Berlin/Heidelberg: Springer.

Lohmann, H.-M. & Pfeiffer, J. (Hrsg.). (2006). Freud-Handbuch: Leben, Werk, Wirkung. Stuttgart: Metzler.

Longino, C.F. & Kart, C.S. (1982). Explicating Activity Theory: A Formal Replication. Journal of Gerontology, 37(6), 713-722.

Lösel, F., Bender, D. & Jehle, J.-M. (2007). Kriminologie und wissensbasierte Kriminalpolitik: Entwicklungs- und Evaluationsforschung. Mönchengladbach: Forum-Verlag Godesberg.

Magnusson, D. (1999). Holistic interactionism: A perspective for research on personality development. In L. Pervin & O. John (Eds.), Handbook for personality: Theory and research (S. 219-247). New York: Guilford Press.

Magnusson, D. (1990). Personality development from an interactional perspective. New York: Guilford Press.

Marcia, J.E. (1966). Development and validation of ego-identity status. Journal of Personality and Social Psychology, 3(5), 551–558.

Markowitsch, H.-J. (2001). Mnestische Blockaden als Stress- und Traumafolgen. Zeitschrift für Klinische Psychologie und Psychotherapie, 30(3), 204-211.

McGue, M. & Finkel, D. (1997). Sex differences and nonadditivity in heritability of the Multidimensional Personality Questionnaire Scales. Journal of Personality and Social Psychology, 72(4), 929-938.

McMahan True, M., Pisani, L. & Oumar, F. (2001). Infant-mother attachment among the Dogon of Mali. Child Development, 72(5), 1451-1466.

Mertens, W. (2009). Psychoanalytische Erkenntnishaltungen und Interventionen: Schlüsselbegriffe für Studium, Weiterbildung und Praxis. Stuttgart: Kohlhammer.

Miller, J.G. (1994). Cultural diversity in the morality of caring: individually oriented versus duty-based interpersonal moral codes. Cross-Cultural Research: The Journal of Comparative Social Science, 28(1), 3-39.

Montada, L. (2008). Fragen, Konzepte, Perspektiven. In R. Oerter & L. Montada (Hrsg.), Entwicklungspsychologie (6. Aufl., S. 3-48). Weinheim: Beltz PVU.

Montada, L. (2002). Die geistige Entwicklung aus der Sicht Jean Piagets. In R. Oerter & L. Montada (Hrsg.), Entwicklungspsychologie (5. Aufl., S. 418-442). Weinheim: Beltz PVU.

Oerter, R. (2008). Kindheit. In R. Oerter & L. Montada (Hrsg.), Entwicklungspsychologie (6. Aufl., S. 225-270). Weinheim: Beltz PVU.

Oerter, R. & Dreher, E. (2008). Jugendalter. In R. Oerter & L. Montada (Hrsg.), Entwicklungspsychologie (6. Aufl., S. 271-332). Weinheim: Beltz PVU.

Oerter, R. & Montada, L. (Hrsg.). (2008). Entwicklungspsychologie (6. Aufl.,). Weinheim: Beltz PVU.

Oswald, W.D., Ackermann, A. & Süß, B. (2007). Hörbeeinträchtigungen bei Bewohnern von Einrichtungen der stationären Altenhilfe. In H. v. Specht (Hrsg.), Hören im Alter. Essen: GEERS-STIFTUNG.

Oswald, W.D., Gatterer, G. & Fleischmann, U.M. (2008). Gerontopsychologie - Grundlagen und klinische Aspekte zur Psychologie des Alterns (2. Aufl.). Berlin: Springer.

Parten, M. (1932). Social participation among pre-school children. Journal of Abnormal and Social Psychology, 27, 243-269.

Pauen, S. (2002). Evidence for knowledge-based categorization in infancy. Child Development, 73, 116-133.

Pervin, L.A. (2000). Persönlichkeitstheorien: Freud, Adler, Jung, Rogers, Kelly, Cattell, Eysenck, Skinner, Bandura u.a. München: Reinhardt.

Piaget, J. (1995). Intelligenz und Affektivität in der Entwicklung des Kindes. Frankfurt a. M.: Suhrkamp.

Piaget, J. (1954). Das moralische Urteil beim Kinde. Frankfurt a. M.: Suhrkamp.

Piaget, J. (1952). The origins of intelligence in children. New York: International Universities Press.

Piaget, J. & Inhelder, B. (1956). The child's conception of space. London: Routledge & Kegan.

Pianta, R.C. & Hamre, B.K. (2001). STARS - Students, teachers, and relationship support: consultant's manual. Lutz, FL: Psychological Assessment Resources.

Pianta, R.C., Steinberg, M.S. & Rollins, K.B. (1995). The first two years of school: Teacher-child relationships and deflections in children's' classroom adjustment. Development and Psychopathology, 7, 295-312.

Pianta, R.C. & Stuhlmann, M.W. (2002). Teacher's narratives about their relationships with children: Associations with behavior in classrooms. School Psychology Review, 31(2), 148-163.

Rogers, C. (1959). A Theory of Therapy, Personality and Interpersonal Relationships as Developed in the Client-centered Framework. In S. Koch (Ed.), Psychology: A Study of a Science. Vol. 3: Formulations of the Person and the Social Context (S. 184-256). New York: McGraw-Hill.

Rosenmayr, L. & Böhmer, F. (Hrsg.). (2003). Hoffnung Alter: Forschung, Theorie, Praxis. Wien: WUV-Universitätsverlag.

Roudinesco, E. & Plon, M. (2004). Wörterbuch der Psychoanalyse: Namen, Länder, Werke, Begriffe. Wien: Springer.

Salthouse, T.A. & Verhaeghen, P. (1997). Meta-analyses of age-cognition relations in adulthood: Estimates of linear and nonlinear age effects and structural models. Psychological Bulletin, 122(3), 231-249.

Schaie, K.W. (1965). A general model for the study of developmental problems. Psychological Bulletin, 64(2), 92-107.

Schneider, W. & Lindenberger, U. (Hrsg.). (2012). Entwicklungspsychologie. Weinheim: Beltz PVU.

Schneider, W. & Sodian, B. (Hrsg.). (2006). Kognitive Entwicklung. Enzyklopädie der Psychologie, Themenbereich C: Theorie und Forschung, Serie V: Entwicklungspsychologie (Bd. 2). Göttingen: Hogrefe.

Schnell, R., Hill, P.B. & Esser, E. (2011). Methoden der empirischen Sozialforschung. München: Oldenbourg.

Selman, R.L. (1980). The growth of interpersonal understanding. New York: Academic Press.

Selman, R.L. & Byrne, D.F. (1974). A Structural-Developmental Analysis of Levels of Role Taking in Middle Childhood. Child Development, 45(3), 803-806.

Siegler, R.S., DeLoache, J. & Eisenberg, N. (2008). Entwicklungspsychologie im Kindes- und Jugendalter (2. Aufl.). Heidelberg: Spektrum.

Simon, B. (2004). Identity in modern society. A social psychological perspective. Oxford: Blackwell.

Sodian, B. (2008). Entwicklung des Denkens. In R. Oerter & L. Montada (Hrsg.), Entwicklungspsychologie (6. Aufl., S. 436-479). Weinheim: Beltz PVU.

Solso, R.L. (2005). Kognitive Psychologie. Heidelberg: Springer.

Spangler, G. & Zimmermann, P. (2009). Die Bindungstheorie: Grundlagen, Forschung und Anwendung. Stuttgart: Klett-Cotta.

Staudinger, U.M. (1999). Older and Wiser? Integrating Results on the Relationship between Age and Wisdom-related Performance. International Journal of Behavioral Development, 23(3), 641-664.
Steinberg, H. (2001). Kraepelin in Leipzig: Eine Begegnung von Psychiatrie und Psychologie. Bonn: Psychiatrie-Verlag.
Steinberg, L. & Silk, J.S. (2002). Parenting adolescents. In M.H. Bornstein (Ed.), Handbook of parenting (S. 103-133). London: Erlbaum.
Tajfel, H. (1978). Differentiation between Social Groups: Studies in the social psychology of intergroup relations. London: Academic Press.
Tartler, R. (1961). Das Altern in der modernen Gesellschaft. Stuttgart: Enke.
Thomas, R.M. & Feldmann, B. (2002). Die Entwicklung des Kindes. Weinheim: Beltz PVU.
Trautner, H.M. (1997). Lehrbuch der Entwicklungspsychologie Band 2 (2. Aufl.). Göttingen: Hogrefe.
Trautner, H.M. (1992). Lehrbuch der Entwicklungspsychologie. Band 1 (2. Aufl.) Göttingen: Hogrefe.
Watson, J.B. (1930). Behaviorism. Chicago: University of Chicago Press.
Wygotsky, L.S. (1987). Ausgewählte Schriften. Arbeiten zur psychischen Entwicklung der Persönlichkeit, Band 2. Köln: Pahl-Rugenstein.
Wygotsky, L.S. (1934, dt. 2002). Denken und Sprechen. Frankfurt: Fischer.
Zepf, S. & Zepf, F.D. (2008). Psychoanalyse und qualitative Psychotherapieforschung: Einige methodische Anmerkungen. Forum der Psychoanalyse, 24(3), 264-279.

3 Lernpsychologie

Bereits im entwicklungspsychologischen Teil wurde deutlich, wie jeder Mensch im Zuge seiner ganz persönlichen Sozialisationsgeschichte geprägt wird, wobei stets das komplexe Zusammenspiel individueller Ausgangsbedingungen mit den spezifischen Umwelterfahrungen erlebens- und handlungsleitend ist. In diesem Kapitel werden nun die zentralen Lernprinzipien vorgestellt, ferner werden die damit in Zusammenhang stehenden wesentlichen Faktoren zur Funktionsweise unseres Informationsverarbeitungssystems mit den dazugehörigen neuropsychologischen Grundlagen skizziert. Einige Anmerkungen hinsichtlich der mit Blick auf die neuen bildgebenden Verfahren (u.a. funktionelle Magnetresonanztomographie, fMRT) wieder intensivierten Anlage-Umwelt-Kontroverse runden die Ausführungen zur Lernpsychologie ab.

Lernziele

... Lernen als spezifische Form der Verhaltensänderung von Individuen zu begreifen

... wesentliche Prinzipien des Lernens zu verstehen und zur Erklärung sowie zur gezielten Veränderung eigenen und fremden Verhaltens heranziehen zu können

... die Funktionsweise des komplexen menschlichen Informationsverarbeitungssystems einschließlich seiner neuropsychologischen Grundlagen nachzuvollziehen und auf diese Weise ein vollständigeres Bild über lernbedingte Verhaltensänderungen zu erhalten

... die Wechselwirkung von anlage- und umweltbedingten Faktoren zur Erklärung eigenen und fremden Verhaltens sowie bei der Planung von Präventions- und Interventionsmaßnahmen berücksichtigen zu können

3.1 Grundlagen des Lernens

Was ist Lernen? Lernen ist ein *interaktiver Prozess* zwischen dem Individuum und seiner Umwelt, der auf neuen Erfahrungen beruht und dadurch zu einer meist beobachtbaren und relativ dauerhaften Änderung des Verhaltens (-repertoires) führt (s. etwa Gage & Berliner, 1996; Gerrig & Zimbardo, 2008).

Lernen beinhaltet somit immer zwei Aspekte: Zum einen die Aneignung neuer Informationen, zum anderen in der Regel die Veränderung des sichtbaren Verhaltens. Wichtig ist von daher vor allem, dass die Verhaltensveränderungen auf den gemachten *Erfahrungen* einer Person in ihrer Auseinandersetzung mit der Umwelt basieren - bei Verhaltensänderungen aufgrund von Reifung, Einwirkung von Alkohol, Medikamenten, Drogen u.ä. handelt es sich dementsprechend nicht um Lernergebnisse, da diese Veränderungen nicht mit ebendiesen Erfahrungen in Zusammenhang stehen.

3.2 Behavioristische Lerntheorien

Das behavioristische Menschenbild wird sehr prägnant von *John B. Watson*, einem frühen Hauptvertreter dieser Forschungsrichtung, zum Ausdruck gebracht.

> Grundannahme des Behaviorismus
>
> „Gebt mir ein Dutzend gesunde, wohlgeratene Kinder, gebt mir meine eigene spezielle Welt, in der ich sie aufziehen kann, und ich verspreche euch, dass ich aus jedem beliebigen, den ich herausnehme und trainiere, jede Art von Spezialisten machen kann - Arzt, Rechtsanwalt, Künstler, Kaufmann, ja, sogar Bettler und Dieb, und das völlig unabhängig von seinen Talenten, Neigungen, Tendenzen, Fähigkeiten, Begabungen oder gar der Rasse seiner Vorfahren" (Watson, 1930, S. 82).

Die Vorstellungen Watsons zum Behaviorismus in seiner ursprünglichen Form implizieren also, dass der Mensch im Wesentlichen durch seine Umwelt formbar ist, und zwar unabhängig von seiner genetischen Ausstattung. Dies bedeutet allerdings nicht, dass die Behavioristen diese Ausstattung leugnen, ihr wird jedoch keine wesentliche Rolle für die Persönlichkeitsentwicklung des Menschen zugestanden. Auch werden die inneren Denkprozesse bei der Analyse des Verhaltens außen vor gelassen, der Fokus liegt allein auf dem beobachtbaren Verhalten des Menschen in Zusammenhang mit den beobachtbaren Reizen der Umwelt. Das Innere des Menschen verschließt sich nach dieser Sichtweise der wissenschaftlichen Untersuchung wie eine Box, daher der Name *Black-Box-Prinzip.* Während Anhänger des so genannten radikalen Behaviorismus (Skinner, 1973; 1978) den mentalen Vorgang der Informationsverarbeitung gänzlich bestreiten, gehen Vertreter des klassischen Behaviorismus (s. Göhlich & Zirfas, 2007; Watson, 1968; Watson & Graumann, 2000) davon aus, dass ein solcher Prozess zwar stattfindet, jedoch nicht zu erforschen ist (s. 3-1).

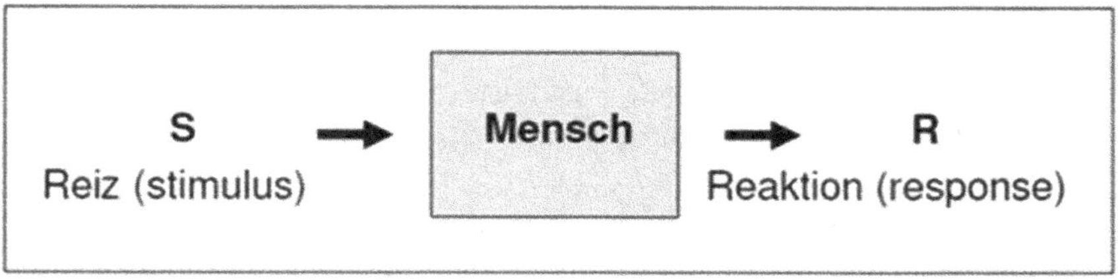

3-1: schematische Darstellung behavioristischer Grundannahmen (mod. n. Rosemann & Bielski, 2001)

3.2.1 Die klassische Konditionierung

<u>Wichtige Vertreter</u>
Vladimir M. Bechterew (1857-1927)
Iwan P. Pawlow (1849-1936)
John B. Watson (1878-1958)

<u>Literatur im Überblick</u>
Bodenmann, G., Perrez, M., Schär, M. & Trepp, A. (2004). Klassische Lerntheorien. Grundlagen und Anwendungen in Erziehung und Psychotherapie. Bern: Hans Huber.
Göhlich, M. & Zirfas, J. (2007). Lernen: ein pädagogischer Grundbegriff. Stuttgart: Kohlhammer.
Lefrançois, G.R. (2006). Psychologie des Lernens (4. Aufl.). Heidelberg: Springer.
Mietzel, G. (2007). Pädagogische Psychologie des Lernens und Lehrens. Göttingen: Hogrefe.

Schröder, H. (2002). Lernen - Lehren - Unterricht: lernpsychologische und didaktische Grundlagen. München: Oldenbourg.
Watson, J.B. & Graumann, C.F. (2000). Behaviorismus. Eschborn: Klotz.

Ein klassisches Experiment
Untersuchungsfrage Pawlow beschäftigte sich in seinen physiologischen Untersuchungen mit den Verdauungsvorgängen, das Phänomen des klassischen Konditionierens entdeckte er dabei zufällig.
Methode In Drüsen und Verdauungsorganen der Hunde wurden Schläuche eingepflanzt, durch welche die Sekrete abgeführt wurden. Um die Verdauung und damit den Speichelfluss anzuregen, wurden die Hunde mit Fleischpulver gefüttert. Die späteren Untersuchungen zum klassischen Konditionieren führte Pawlow nach einem engen Schema durch. Die Hunde wurden zunächst angeleint, vor der Futtergabe wurde ihnen ein Tonsignal vorgespielt, das zunächst nur die Aufmerksamkeit der Hunde erregte, aber keinen Speichelfluss hervorrief. Nach dem Tonsignal wurde das Futter verabreicht.
Ergebnisse Nach wiederholten Versuchsdurchgängen beobachtete Pawlow, dass die Speichelsekretion bereits beim Anblick des Futters, aber vor dessen Gabe erfolgte. Zu einem noch späteren Zeitpunkt reichte bereits der Anblick des Futter gebenden Assistenten aus, um die Sekretion anzuregen. Dieser Vorgang generalisierte sich soweit, dass die Hunde bereits dann mit der Speichelsekretion begannen, wenn sie Handlungen wahrnahmen, die regelmäßig vor der Futtergabe passierten. Pawlow stellte schließlich seine Untersuchungen zu den Verdauungsprozessen ein. Er widmete sich von nun an ganz den psychologischen Fragestellungen und begab sich auf die Suche nach Einflussgrößen des klassischen Konditionierens. Hierbei entdeckte er wichtige Wirkzusammenhänge und beeinflussende Variablen.

3-2: Pawlows Experiment zur klassischen Konditionierung (n. Pawlow, 1927, 1928)

Ein *unkonditionierter Reiz* UCS (auch häufig in der Literatur als „unbedingter Reiz" beschrieben) löst zunächst eine *unkonditionierte Reaktion* UCR (unbedingte Reaktion) aus. Dies ist die Grundvoraussetzung jeglicher Form klassischen Konditionierens. Es handelt sich hierbei um Reiz-Reaktions-Koppelungen, die nicht vom Organismus gelernt werden, sondern bereits angelegt sind, wie etwa bei Reflexen (s. 3-3).

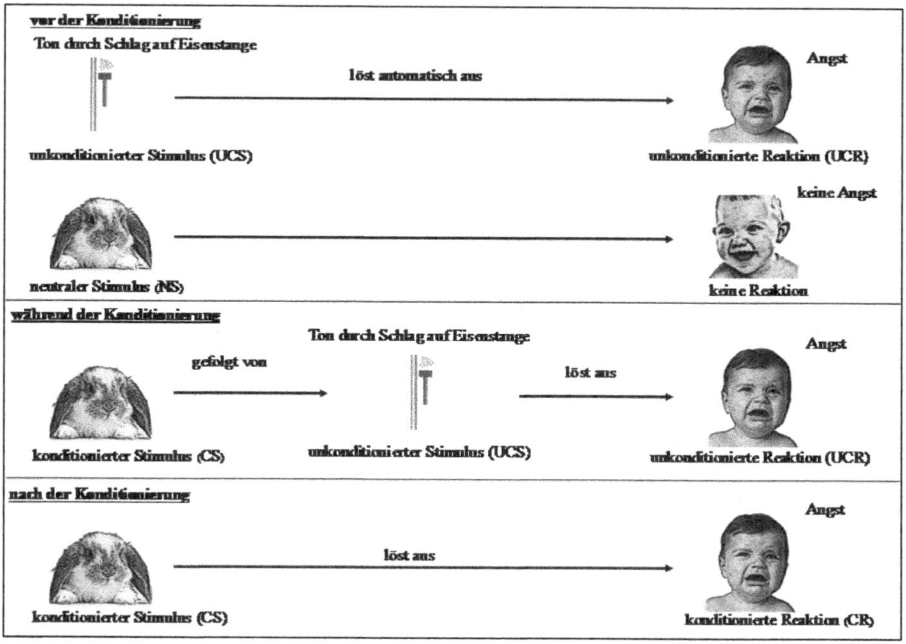

3-3: Schema der klassischen Konditionierung (mod. n. Gerrig & Zimbardo, 2008, S. 196)

Beispiele aus der Praxis		
weitere Beispiele für geeignete unkonditionierte Reize (UCS)		
Futter	→	Speichelfluss
laute plötzliche Geräusche	→	Angst/unsicheres Gefühl
Schmerzen	→	Angst
Luftzug am Auge	→	Schließen der Augen
ruhige Musik	→	Entspannung
Als neutraler Reiz NS wird nun derjenige Reiz bezeichnet, der zunächst nicht die unkonditionierte Reaktion UCR auslöst, also quasi neutral zu der bestehenden unkonditionierten Reiz-Reaktions-Verbindung steht.		
Glockenton	→	kein Speichelfluss
Plastiktüte	→	kein Speichelfluss
Lichtsignal	→	kein Schließen der Augen
Kaninchen	→	keine Angst
Der neutrale Reiz NS kann zu einem konditionierten Reiz CS („bedingter Reiz“) werden, wenn er häufig in Verbindung mit dem unkonditionierten Reiz UCS auftritt.		
Futter + Glockenton	→	Speichelfluss
Futter + Plastiktüte	→	Speichelfluss
Laute Geräusche + Kaninchen	→	Angst
Licht + Luftzug am Auge	→	Schließen der Augen
Es kommt also beim Organismus zu einem Lernprozess dergestalt, dass der ursprüngliche neutrale Reiz NS nunmehr auch alleine als konditionierter Reiz CS die Reaktion auslöst, die vorher nur durch den unkonditionierten Reiz UCS ausgelöst worden ist. Diese Reaktion wird dann konditionierte Reaktion CR („bedingte Reaktion“) genannt.		
Glockenton	→	Speichelfluss
Plastiktüte	→	Speichelfluss
Lichtsignal	→	Schließen der Augen
Kaninchen	→	Angst

3-4: Beispiele für den Zusammenhang von Reiz-Reaktions-Kombinationen

Für die klassische Konditionierung von Reiz-Reaktions-Verbindungen sind folgende Aspekte zu beachten:

- Wie häufig treten unkonditionierter Reiz und konditionierter Reiz gemeinsam auf? Die Voraussetzungen für den Lernprozess sind umso günstiger, je häufiger beide Reize gemeinsam auftreten.
- In welcher zeitlichen Nähe zueinander treten unkonditionierter Reiz und konditionierter Reiz auf? Die Voraussetzungen für den Lernprozess sind umso günstiger, je zeitlich näher zueinander beide Reize auftreten. Die zeitliche Nähe der Reize wird *Kontiguität* genannt.
- Mit welcher Intensität und Qualität tritt unkonditionierter bzw. konditionierter Reiz auf? Die Voraussetzungen für den Lernprozess sind umso günstiger, je bedeutsamer beide Reize für den Organismus hinsichtlich Intensität und Qualität sind.

Die erworbene konditionierte Reaktion CR schwächt sich ab, wenn der konditionierte Reiz CS über einen längeren Zeitraum nicht mehr in Verbindung mit dem unkonditionierten Reiz UCS auftritt. Man spricht dann von Löschung („*Extinktion*"); folgt etwa auf den Glockenton kein Futter mehr, so wird die Speichelreaktion beim Hund gelöscht.

Auch Reize, welche dem konditionierten Reiz CS ähnlich sind, können die entsprechende Reaktion CR auslösen. Die Stärke der konditionierten Reaktion CR ist dann abhängig von dem Ausmaß der Ähnlichkeit. Man spricht bei diesem Prozess von *Reizgeneralisierung.* Im Gegensatz hierzu spricht man von *Reizdiskrimination* (oder auch Reizdifferenzierung), wenn ähnliche Reize nicht die konditionierte Reaktion CR auslösen (s. 3-5).

Reizgeneralisierung - Beispiele aus der Praxis		
Klingelgeräusch statt Glockenton	→	Speichelfluss
Papier statt Plastiktüte	→	Speichelfluss
dauerhaftes Licht statt Lichtsignal	→	Schließen der Augen
Meerschweinchen statt Kaninchen	→	Angst
Reisdiskrimination - Beispiele aus der Praxis		
Popmusik statt Glockenton	→	kein Speichelfluss
Papier statt Plastiktüte	→	kein Speichelfluss
dauerhaftes Licht statt Lichtsignal	→	kein Schließen der Augen
Meerschweinchen statt Kaninchen	→	keine Angst

3-5: Beispiele für Reizgeneralisierung und Reizdiskrimination

Klassische Konditionierungsprozesse spielen bei Menschen u.a. bei der Genese von Angst eine wichtige Rolle. Eine konditionierte Angstreaktion (bspw. Anblick eines Kaninchens) kann durch *Gegenkonditionierung* wieder verlernt werden, indem der konditionierte Reiz CS (Kaninchen) mit einem neuen, angenehmen Reiz (bspw. attraktives Spielzeug) dargeboten wird (s. Winkel, Petermann & Petermann, 2006). Auch in der Werbung lassen sich Effekte klassischer Konditionierung erkennen: Durch wiederholte Koppelung etwa von körperlicher Attraktivität und dem beworbenen Produkt wird eine affektive Produktbindung erzeugt; auf diese Weise lässt sich durch den Produktnamen zukünftig ein positives Gefühl hervorrufen (Erregung, Attraktivität).

3.2.2 Das operante Konditionieren

<u>Wichtige Vertreter</u>
Clark Hull (1884-1952)
Mary C. Jones (1896-1987)
Burrhus F. Skinner (1904-1990)
Edward L. Thorndike (1874-1949)
Edward C. Tolman (1886-1959)

<u>Literatur im Überblick</u>
Lefrançois, G.R. (2006). Psychologie des Lernens (4. Aufl.). Heidelberg: Springer.
Seel, N.M. (2000). Psychologie des Lernens. Lehrbuch für Pädagogen und Psychologen. München: Reinhardt.
Skinner, B.F. (2002). Walden two - die Vision einer besseren Gesellschaftsform. München: FiFa-Verlag.
Winkel, S., Petermann, F. & Petermann, U. (2006). Lernpsychologie. Paderborn: Schöningh.

Während beim klassischen Konditionieren Verhaltensänderungen über die Koppelung von Reizen und Reaktionen begründet sind, basieren Verhaltensänderungen im Rahmen des operanten Konditionierens auf den Reaktionen der Umwelt, die auf das Verhalten des Organismus folgen. Diese Reaktionen der Umwelt werden als Verstärker bezeichnet, sie beeinflussen die Auftrittswahrscheinlichkeit eines Verhaltens, weil der Organismus lernt, zwischen den

Reaktionen und den darauf folgenden Konsequenzen eine Beziehung herzustellen.

Das operante Konditionieren findet seinen Ursprung in der durch *Edward L. Thorndike* formulierten Theorie des Lernens durch Versuch und Irrtum. Er experimentierte mit Katzen in sogenannten *puzzle boxes*, wobei die Katzen die Möglichkeit besaßen, sich mittels Drücken eines Hebels aus einem geschlossenen Käfig zu befreien. Dieser Theorie zufolge lernen Organismen am Erfolg ihrer Handlungen: Ein Verhalten, das zu einem zufriedenstellenden Ergebnis führt, wird zukünftig öfter gezeigt (Thorndike, 1932). Thorndike schaffte somit einen Übergang vom klassischen zum operanten Konditionieren, indem er eine Verbindung zwischen Reiz und Reaktion unter der Voraussetzung positiver Konsequenzen postulierte.

Als wichtigster Vertreter des operanten Konditionierens gilt zudem der amerikanische Psychologe *Burrhus F. Skinner*. Skinner war strikter Behaviorist und fokussierte ausschließlich die exakte Beschreibung beobachtbarer Zusammenhänge zwischen Umwelt und Verhalten. Er experimentierte systematisch mit Versuchstieren und entwickelte dazu u.a. die nach ihm benannte *Skinner-Box* (s. 3-6), mit der bis in die Gegenwart das Lernverhalten von Tieren durch Belohnung bzw. Bestrafung erforscht wird (Myers, 2008, S. 208).

Ein klassisches Experiment
<u>Untersuchungsfrage</u> Welche äußeren Bedingungen beeinflussen Verhalten und wie lässt sich dieses mit hoher Wahrscheinlichkeit vorhersagen?
<u>Methode</u> Einer Taube wird beigebracht, nach einem Lichtsignal den angebrachten Hebel zu drücken. Bei erfolgreicher Ausführung wird die Taube im Anschluss an die Betätigung des Hebels belohnt. Soll hingegen ein bestimmtes Verhalten nicht ausgeführt werden (etwa nach einem Tonsignal), erfolgt keine Verstärkung.
<u>Ergebnisse</u> Das Verhalten der Taube wird sowohl von den vorausgehenden als auch von den nachfolgenden Reizen beeinflusst. Skinner konnte zeigen, dass die Konsequenzen auf die Betätigung des Hebels signifikanten Einfluss darauf hatten, ob dieses Verhalten weiterhin von der Taube gezeigt wurde.

3-6: Experiment zum operanten Konditionieren (n. Skinner, 1938)

Definition

„Unter *operantem Konditionieren* versteht man die Veränderung der Auftretenshäufigkeit von Verhalten in Abhängigkeit von verstärkenden oder bestrafenden Verhaltenskonsequenzen" (Winkel, Petermann & Petermann, 2006, S. 106).

Die Begriffe „Verstärkung" und „Bestrafung" beziehen sich stets auf deren *Wirkungen* auf das Verhalten, nicht jedoch auf die objektiven Eigenschaften der Verhaltenskonsequenz.

Aus der Anwendung von Verstärkern ergeben sich verschiedene Effekte für das gezeigte Verhalten (s. 3-7, 3-8, 3-9): Bei der *positiven Verstärkung* folgt dem Verhalten ein positives (belohnendes) Ereignis. Folgt auf das erwünschte Verhalten die Entfernung eines aversiven (unangenehmen) Reizes, so wird dieser Vorgang *negative Verstärkung* genannt. Durch eine Verstärkung wird somit stets die Auftrittswahrscheinlichkeit des gezeigten Verhaltens erhöht.

Als Folge einer Bestrafung wird das gezeigte Verhalten unterdrückt, weil ein angenehmer Reiz entfernt (*indirekte Bestrafung*) oder aber ein unangenehmer Reiz dargeboten wird (*direkte Bestrafung*).

Wirkungen von Reizen	Beschreibung
positive Verstärkung	ein positiver Stimulus wird in die Situation gegeben, die Auftretenswahrscheinlichkeit des Verhaltens steigt
negative Verstärkung	ein negativer Stimulus wird aus einer Situation genommen, die Auftretenswahrscheinlichkeit des Verhaltens steigt
indirekte Bestrafung	ein positiver Stimulus wird aus der Situation genommen, die Auftretenswahrscheinlichkeit des Verhaltens sinkt
direkte Bestrafung	ein negativer Stimulus wird in die Situation gegeben, die Auftretenswahrscheinlichkeit des Verhaltens sinkt

3-7: Arten von Verstärkung und Bestrafung

Bestrafung ist allerdings zur tatsächlichen Verhaltensänderung weniger sinnvoll, zumal das unerwünschte Verhalten mit hoher Wahrscheinlichkeit wieder gezeigt wird, wenn zu erwarten ist, dass keine Bestrafung erfolgt, bspw. für den Fall, dass keine Aufsichtsperson anwesend ist (zu weiteren Problemen von Bestrafung s. Ende dieses Kapitels).

Eine Verhaltensänderung, die erzielt wird durch den Entzug der Konsequenzen, die ein Verhalten aufrechterhalten, nennt sich - analog zur klassischen Konditionierung - Löschung bzw. Extinktion. Wenn also etwa die bislang übliche Futtergabe nach einem Hebeldruck in der Skinner-Box wiederholt ausbleibt, wird das Versuchstier zukünftig dieses Verhalten seltener zeigen.

	angenehmer Reiz	**unangenehmer Reiz**
Darbietung eines Reizes als Folge auf eine Reaktion in einer Situation	positive Verstärkung	direkte Bestrafung
Entfernung des vorhandenen Reizes als Folge auf eine Reaktion in einer Situation	indirekte Bestrafung	negative Verstärkung
Nicht-Darbietung des gewohnten Reizes als Verhaltenskonsequenz	Löschung	---

3-8: Verstärkung, Bestrafung und Löschung im Überblick (mod. n. Winkel, Petermann & Petermann 2006, S. 116)

Beispiele aus der Praxis		
Lob nach Aufräumen des Zimmers	→	positive Verstärkung
Süßigkeiten nach erledigten Hausaufgaben	→	positive Verstärkung
Gute Mitarbeit im Unterricht befreit von Hausaufgaben	→	negative Verstärkung
Unangenehmer Anruf wird nach guter Note von der Mutter übernommen	→	negative Verstärkung
Tadel vor Freunden	→	direkte Bestrafung
Kürzung des Taschengeldes	→	indirekte Bestrafung
Besuch im Kino wird nach schlechter Note gestrichen	→	indirekte Bestrafung
Kind quengelt, bekommt aber keine Süßigkeit an der Supermarktkasse (anders als zuvor)	→	Löschung

3-9: Beispiele für Verstärkung, Bestrafung und Löschung

Operantes und instrumentelles Konditionieren

Oftmals findet sich eine synonyme Verwendung der Begriffe „operantes" und „instrumentelles" Konditionieren. In beiden Formen des Konditionierens geht es um die Aktivität als Mittel zur Erreichung einer bestimmten Konsequenz: Im Falle der instrumentellen Konditionierung erfolgt der Einsatz von Verhaltensweisen zur zielgerichteten Herbeiführung einer angenehmen bzw. Vermeidung einer unangenehmen Konsequenz; die operante Konditionierung lehnt (streng behavioristisch) die Annahme über eine „Befriedigung" aus der gelernten S-R-Beziehung oder Rückschlüsse auf die Intentionen eines Organismus ab (s. 3-10) - was ein Organismus will, ist für die operante Konditionierung unerheblich (s. Rosemann & Bielski, 2001).

Voraussetzungen für die Wirksamkeit operanten Konditionierens

Bei der operanten Konditionierung sind für die Wirksamkeit fünf Aspekte besonders wichtig (s. Winkel, Petermann & Petermann, 2006, S. 118ff.):

- Kontingenz (Darbietung von Verstärkung bzw. Bestrafung ausschließlich als Folge des zu beeinflussenden Verhaltens)

- Kontiguität (zeitliche [und räumliche] Nähe zwischen Verhalten und Konsequenz)
- häufige Wiederholungen
- Einhalten der Reihenfolge (erst Verhalten, dann Konsequenz)
- Folgerichtigkeit (Herstellung eines klaren Zusammenhangs zwischen Verhalten und Konsequenz)

operantes Konditionieren	instrumentelles Konditionieren
• ein beliebiges spontanes Verhalten (evtl. auch unabsichtlich oder zufällig gezeigt) wird (ohne weitere Bedingungen) verstärkt	• ein instrumentelles Verhalten (auf die Erreichung eines bestimmten Ziels gerichtetes Verhalten) wird bei Erfolg verstärkt
• bei der Versuchsanordnung hat der Organismus ein hohes Maß an Freiheit, das Verhalten, das verstärkt werden soll, auszuüben oder es zu unterlassen und beliebig oft zu wiederholen	• die Freiheit des Organismus in der Versuchsanordnung ist eingeschränkt • das zu verstärkende Verhaltenkann nicht beliebig oft wiederholt oder unterlassen werden
• der Versuchsleiter nimmt keinen Einfluss darauf, dass die gewünschte Verhaltensweise auftritt und wann sie auftritt • wenn sie jedoch ausgeübt wird, folgt (sofort) ein verstärkender Reiz	• der Versuchsleiter nimmt Einfluss darauf, wann der Organismus die Möglichkeit hat, das gewünschte Verhalten auszuüben oder zu unterlassen (bspw. muss der Versuchsleiter den Versuchsablauf erst erneut initiieren)
• experimentelle Verhaltensanalyse: die Intention des gezeigten Verhaltens ist unerheblich	• Lernen am Erfolg: die Intention (Befriedigung oder Erfolgserlebnis) des Verhaltens steht im Fokus
• früher Vertreter: Burrhus F. Skinner	• früher Vertreter: Edward L. Thorndike

3-10: operantes und instrumentelles Konditionieren (mod. n. Bredenkamp & Wippich, 1977)

Primäre und sekundäre Verstärker

Als verhaltenssteuernde Konsequenzen wird unterschieden zwischen primären, sekundären und generalisierten Verstärkern (s. Lefrançois, 2006; s.a. 3-11). Im Falle einer primären Verstärkung sind spezifische Reize für den

Organismus per se verstärkend, weil sie grundlegende physiologische Bedürfnisse nach Nahrung, Wasser o.ä. befriedigen. Bei der sekundären Verstärkung erlangen die Reize hingegen ihre verstärkende Wirkung erst durch die wiederholte Paarung mit einer primären Verstärkung, bspw. die Futtergabe nach erfolgtem Hebeldruck eines Versuchstiers. Die Verstärkungsfunktion der generalisierten Verstärkung resultiert aus der wiederholten Paarung der Reize mit primären bzw. sekundären Verstärkern. Generalisierte Verstärker wie Prestige, Macht, sozialer Status usw. sind in hohem Maße kulturabhängig und haben großen Einfluss im Zuge der Steuerung menschlichen Verhaltens.

Bijou & Sturges (1959) unterscheiden zwischen materiellen und immateriellen Verstärkern.

Verstärkerarten	Beispiele
essbare Verstärker	• Süßigkeiten
soziale Verstärker (durch zwischenmenschlichen Kontakt)	• Lob, Lächeln, Beifall, Zärtlichkeit
Token (symbolische Verstärkung)	• Münzen oder Wertmarken, die man gegen andere Verstärker einlösen kann
visuelle und akustische Reize (symbolische Verstärkung)	• Stempel, Noten, Signalgeräusche (etwa bei einem Computerspiel)

3-11: Verstärkerarten (n. Bijou & Sturges, 1959; zit. n. Winkelmann, Petermann & Petermann, 2006, S. 107)

Verstärkungspläne

Verstärkungspläne legen fest, in welcher Form spezifische Konsequenzen in der Verstärkungsprozedur umgesetzt werden - sie erlauben insofern eine Überprüfung, unter welchen Bedingungen eine Verhaltensänderung besonders wirksam ist. Im Falle kontinuierlicher Verstärkungspläne wird jedes erwünschte Verhalten verstärkt, bei partiellen Verstärkungsplänen hingegen nur in (un-)regelmäßigen Abständen, d.h. nicht auf jede gewünschte Reaktion folgt eine Konsequenz (s. 3-12).

	Quote (Beispiele)	Intervall (Beispiele)
fest	• jede fünfte korrekte Reaktion wird verstärkt	• die jeweils erste korrekte Reaktion nach Verstreichen von 15 Sekunden wird verstärkt
randomisiert (variabel)	• im Durchschnitt wird jede fünfte korrekte Reaktion randomisiert verstärkt	• die Verstärkung einer korrekten Reaktion erfolgt im Mittel nach jeweils 15 Sekunden, konkret aber zu unvorhersagbaren Zeiten

3-12: Arten partieller Verstärkung (mod. n. Lefrançois, 2006, S. 98)

Zum Aufbau erwünschter Verhaltensweisen ist kontinuierliche Verstärkung am effektivsten, für die Aufrechterhaltung gewünschten Verhaltens ist allerdings partielle Verstärkung wirkungsvoller. So kann etwa ein Kind, das kaum ruhig im Unterricht sitzen bleiben kann, durch schrittweise Verlängerung der Zeiträume des Stillsitzens, um eine Belohnung zu erhalten, zum gewünschten Zielverhalten geleitet werden. Um dieses Verhalten danach zu stabilisieren, wird die Verstärkungshäufigkeit verringert und randomisiert.

Aufbau erwünschter Verhaltensweisen

Für den Aufbau erwünschter Verhaltensweisen lassen sich verschiedene Methoden heranziehen:

- Shaping (= Verhaltensformung): Verstärkung von Reaktionen, die in die gewünschte Richtung gehen, bis letztendlich die Zielreaktion konditioniert ist (wie etwa die Methoden eines Sportlehrers oder Tiertrainers)
- *Chaining* (= Verkettung von Verhaltensweisen): schrittweiser Aufbau von Verhaltensketten (bspw. für Kinder beim Schlafengehen die Handlungsabfolge „Umziehen - Zähneputzen - ins Bett gehen“)
- *Prompting* (= Unterstützung): verbale oder verhaltensmäßige Hilfestellungen, welche die Aufmerksamkeit auf das gewünschte Verhalten lenken sollen (Erinnerung an Regeln, Vormachen des gewünschten Verhaltens usw.)

Durch Kombination von Shaping und Chaining können einzelne erwünschte Verhaltensweisen ausgeformt und sodann miteinander verknüpft werden - so ließen sich Umziehen, Zähneputzen und ins Bett gehen zunächst einzeln verstärken; wenn diese dann ausgeformt sind, gibt es die Gutenachtgeschichte erst, wenn alle drei Handlungen erfolgt sind (s. Winkel, Petermann & Petermann, 2006, S. 131).

Abbau unerwünschter Verhaltensweisen
Als mögliche Methoden lassen sich unterscheiden:

- Bestrafung
- Löschen (Beseitigung der aufrechterhaltenden Bedingungen)
- Time-Out (Auszeit)

Grundsätzlich ist Verhaltensänderung durch Bestrafung weniger effektiv als durch positive Verstärkung, da es oftmals lediglich zu einer Unterdrückung des unerwünschten Verhaltens kommt. Zielführender ist es daher grundsätzlich, ein erwünschtes Alternativverhalten positiv zu verstärken. Zudem hat Bestrafung oftmals den unerwünschten Nebeneffekt, dass je nach Bestrafungsart und -intensität bei der bestraften Person Gefühle u.a. von Angst, Aggression, Demütigung hervorgerufen werden könnten. In einigen Fällen kann ferner eine als Bestrafung intendierte Maßnahme das unerwünschte Verhalten sogar noch verstärken (etwa dann, wenn Tadel als positive Zuwendung von Aufmerksamkeit wahrgenommen wird). Derartige Zusammenhänge sind im Alltag bisweilen schwer identifizierbar, in solchen Situationen bietet sich der Einsatz einer Verhaltensanalyse an (s.u.).

Ungeachtet dieser Probleme ist ein völliger Verzicht auf Bestrafung in der pädagogischen Praxis nicht realisierbar. Entscheidend ist von daher der Einsatz angemessener Formen, die vor allem auch für die zu Bestrafenden nachvollziehbar sind; hierzu zählen bspw. der temporäre Verstärkerentzug, (verbale oder nonverbale) Verweise sowie bei schwereren Störungen die Auszeitmethode (Time-Out). Bei der Auszeitmethode wird das Kind für einige Minuten aus der Situation herausgenommen, die ein problematisches Verhalten auslöst bzw. verstärkt, und in einen ruhigen, reizarmen Raum gebracht. Entscheidend ist, das Kind über die Bedeutung und die zeitliche Begrenztheit der Auszeit zu informieren (s. Lefrançois, 2006, S. 94ff.; Winkel, Petermann & Petermann, 2006, S. 109ff.).

Reflexionsfragen

- Beschreiben Sie die klassische Konditionierung anhand der Begriffe NS, UCS, UCR, CS, und CR.
- Welche Rolle spielen Reflexe bei der klassischen Konditionierung?
- Erörtern Sie das Prinzip der operanten Konditionierung anhand der vier Verstärkertypen. Finden Sie jeweils Beispiele aus der Praxis sozialer Berufe.
- Welche Gemeinsamkeiten und welche Unterschiede sehen Sie mit Blick auf das klassische und das operante Konditionieren?
- Wie werden Verhaltensänderungen bei der klassischen Konditionierung erklärt, wie ist dies im Vergleich hierzu beim operanten Konditionieren?
- Welche Gemeinsamkeiten und welche Unterschiede sehen Sie mit Blick auf das operante und das instrumentelle Konditionieren?
- Welche Voraussetzungen sind für die Wirksamkeit operanten Konditionierens erforderlich?
- Was sind Verstärkerpläne? Welche Arten von Verstärkerplänen kennen Sie?
- Benennen Sie zentrale Methoden zum Aufbau erwünschten Verhaltens sowie zum Abbau unerwünschten Verhaltens?
- Wie funktioniert Extinktion?
- Welche Probleme bestehen bei Verhaltensänderung auf der Grundlage von?
- Wie bewerten Sie insgesamt die Möglichkeiten dieser Lerntheorien für den Einsatz im sozialen Feld?

Verhaltensanalyse nach der Formel S-O-R-K-C

Aufbauend auf den Erkenntnissen zu operanten Konditionierungsprozessen wurde die funktionale Verhaltensanalyse entwickelt, die nicht nur im Rahmen verhaltenstherapeutischer Diagnostik, sondern darüber hinaus in vielen Beratungssettings in (sozial-)pädagogischen Kontexten eingesetzt wird. Die Grundzüge dieses Modells liefern für das Verstehen menschlichen Verhaltens eine wichtige Basis, die sich in folgender Verhaltensformel nach Kanfer (s. Kanfer & Saslow, 1976; Rost, 2010) zusammenfassen lassen:

$R = f([S], [O], [K], [C])$

R ist die Reaktion bzw. das problemhafte Verhalten und enthält verschiedene Aspekte: behaviorale Aspekte (Zeitpunkt, Dauer, Häufigkeit usw.), kognitive Aspekte (subjektive Bewertungen, Erwartungen, Prozesse der Informationsverarbeitung), emotionale Aspekte (Gefühle, die mit der Handlung verbunden sind) und physiologische Aspekte (körperliche Begleiterscheinungen). Die Reaktion wird erklärt als eine Funktion (f) folgender Variablen:

- S beschreibt den Stimulus, also die auslösenden Reizbedingungen für das Problemverhalten, dabei werden sowohl internale als auch externale Reize berücksichtigt
- O sind Organismusvariablen wie körperliche oder relativ überdauernde psychische Merkmale
- K beschreibt die Kontingenz dahingehend, wie regelmäßig und mit welchem zeitlichen Abstand die Verhaltenskonsequenzen (Belohnung bzw. Bestrafung) eintreten
- C steht für „consequences", also den Verhaltenskonsequenzen, und meint die Art der Verstärkung für das Problemverhalten (positive Verstärkung, negative Verstärkung, direkte Bestrafung, indirekte Bestrafung)

Die systematische Verhaltensanalyse ermöglicht einen schematisch geleiteten diagnostischen Zugang für problematische Verhaltensweisen, der in Abhängigkeit von den Analyseergebnissen vielfältige Lösungs- und Ansatzmöglichkeiten beim Individuum und seinem sozialen Umfeld aufzeigen kann.

Aufgabe

Analysieren Sie das nachfolgend beschriebene Verhalten nach dem SORKC Modell. Stellen Sie sich dabei vor, Sie würden das Verhalten gemeinsam mit dem Mädchen analysieren, und ergänzen Sie so fehlende Informationen.

Fallbeispiel

Sabine legt ein problematisches Verhalten an den Tag. Sie ist die Anführerin einer Mädchengang und verbreitet Angst und Schrecken unter den anderen Schülern der Schule. Ständig ist sie in Schlägereien verwickelt (sie lässt sich leicht provozieren, wenn sie z.B. „schief" angeguckt oder ausgelacht wird) und beugt sich keiner Ordnung. Wenn sie dieses Verhalten zeigt, hat sie häufig auch Alkohol getrunken. Sie wurde schon vielfach angezeigt und ist stolz darauf. In ihrer Familie ist Gewalt schon seit ihrer frühen Kindheit an der Tagesordnung.

Anregung: Weitere Informationen und Beispiele für Verhaltensanalysen aus dem Alltagskontext finden sich u.a. in Rost (2010, S. 909ff.) und in Schermer (2005, S. 11ff.).

3.2.3 Das Phänomen der erlernten Hilflosigkeit

Der Lerneffekt beim operanten Konditionieren basiert darauf, dass die als angenehm bzw. unangenehm erlebte Konsequenz als Folge eines Verhaltens vom Tier bzw. vom Menschen wahrgenommen wird. Dieses impliziert, dass über die Steuerung des eigenen Verhaltens die resultierenden Folgen prinzipiell kontrollierbar sind. Was passiert nun aber, wenn dieses nicht der Fall ist, ein Zusammenhang zwischen den eigenen Verhaltensweisen und den Konsequenzen also nicht hergestellt werden kann?

Experimente, die Seligman in dieser Hinsicht mit Hunden durchführte, brachten die Theorie zur erlernten Hilflosigkeit hervor (Seligman, 1975; s.a. Seligman & Petermann, 2011; 3-13). Die zentrale Aussage dieser Theorie ist, dass Menschen, die mit Blick auf subjektiv bedeutsame Ereignisse einen Zusammenhang zwischen eigenem Verhalten und Konsequenzen nicht erkennen (unabhängig davon, ob dieser faktisch vorhanden ist oder nicht), zu der Überzeugung gelangen, diese auch in Zukunft nicht beeinflussen zu können.

Ein klassisches Experiment
Untersuchungsfrage Welche Folgen hat es, wenn kein Einfluss auf aversive Konsequenzen möglich scheint?
Methode Das Experiment bestand aus zwei Phasen (Trainings- und Testphase) mit drei Gruppen von Hunden. In der Trainingsphase wurden der Untersuchungsgruppe 1 Elektroschocks verabreicht, diese konnten durch ein bestimmtes Verhalten abgestellt werden. Untersuchungsgruppe 2 konnte die verabreichten Elektroschocks nicht abstellen, eine Kontrollgruppe erhielt keine Elektroschocks. In der Testphase wurden allen Gruppen Elektroschocks verabreicht, alle Gruppen hatten dabei prinzipiell die Möglichkeit, diese Schocks durch Überspringen einer Barriere abzustellen.
Ergebnisse Während Hunde der Untersuchungsgruppe 1 und der Kontrollgruppe durch ihr Verhalten die verabreichten Elektroschocks abstellten, waren Hunde der Untersuchungsgruppe 2 nicht in der Lage, dieses Verhalten zu erlernen. Vielmehr zeigte diese Gruppe von Hunden ein resignatives Verhalten, sie blieben lethargisch am Boden liegen und ließen die Schocks über sich ergehen. Aufgrund ihrer Vorerfahrung, den elektrischen Schlägen nicht entkommen zu können, unternahmen sie keinerlei Versuche der Flucht.

3-13: klassisches Hunde-Experiment zur erlernten Hilflosigkeit (n. Seligman, 1975)

Erlernte Hilflosigkeit etabliert sich also durch Situationen, in denen ein Flucht- bzw. Vermeidungsverhalten nicht möglich ist. Entscheidend ist nun, dass die Hilflosigkeitserwartung auf andere Situationen generalisiert wird, selbst wenn in diesen Situationen erfolgreiches Verhalten möglich wäre. Dieses wurde bspw. bei Personen festgestellt, die bei der Bearbeitung von Problemlöseaufgaben unkontrollierbarem Lärm ausgesetzt waren (s. Spada, 2006; 3-14).

Ein klassisches Experiment
Untersuchungsfrage Wie manifestiert sich erlernte Hilflosigkeit beim Menschen?
Methode Anhand eines ähnlichen Versuchsaufbaus gelang es Seligman und Hiroto (1975), die erlernte Hilflosigkeit beim Menschen empirisch zu fundieren. Sie konfrontierten hierfür die Probanden in der Trainingsphase mit aversiven Tönen, die jedoch nur für eine Teilgruppe durch das Betätigen eines Knopfes kontrollierbar waren. Für eine zweite Teilgruppe waren die Töne dagegen unkontrollierbar; das Betätigen des Knopfes hatte also keinerlei Einfluss auf die Beendigung des unangenehmen Reizes. Eine Kontrollgruppe nahm an der Trainingsphase nicht teil. In der anschließenden Testphase wurden die drei Gruppen erneut mit aversiven Tönen konfrontiert, die nun durch ein Lichtsignal angekündigt wurden. Die Versuchspersonen konnten den unangenehmen Reiz vermeiden, indem sie die Hebelbewegung unmittelbar nach dem Lichtsignal (und damit vor Einsetzen des Tons) ausführten.
Ergebnisse Die Teilgruppe, die im ersten Teil des Experiments unvermeidbaren und unkontrollierbaren aversiven Tönen ausgesetzt worden war, reagierte im zweiten Teil im Vergleich zu den anderen Probanden signifikant hilfloser.

3-14: Experiment zur erlernten Hilflosigkeit beim Menschen (n. Seligmann & Hiroto, 1975)

In weiteren Untersuchungen zeigte sich, dass gelernte Hilflosigkeit durch eine Addition von nicht kontrollierbaren Vorerfahrungen, angeblicher Zufallsabhängigkeit und externaler Kontrolle ausgelöst wird (Seligman & Petermann, 2011). Dementsprechend scheint die subjektiv erlebte Unkontrollierbarkeit von Situationen (Hilflosigkeitserwartung) im Humanbereich zu motivationalen, emotionalen und kognitiven Defiziten zu führen (Aronson, Wilson & Akert, S. 500ff.). Insofern erweitert die Theorie erlernter Hilflosigkeit die behavioristischen Ansätze um eine kognitive Komponente, den Erwartungen über zukünftige Verhaltenskonsequenzen wird eine zentrale verhaltenssteuernde Funktion zuerkannt.

Beispiel aus der Praxis
Ausgangslage Während der Saisonvorbereitung wird der Amateurfußballer Erich von seinem Trainer darauf hingewiesen, an seiner Dribbeltechnik zu arbeiten, da er ihm sonst die bevorzugte Spielposition nicht mehr garantieren könne. Aus diesem Grund entschließt sich Erich, jede freie Minute zum Üben zu nutzen. Nach einigen Wochen stellt Erich fest, dass er den Ball weniger häufig verliert und sich in Zweikämpfen besser durchsetzen kann; auch sein Trainer bemerkt die Fortschritte. Zuversichtlich geht Erich in die Saison, ein anstehender Trainerwechsel berührt ihn wenig, weil er fest entschlossen ist, seine Position als Stammspieler auch unter dem neuen Trainer zu halten. Relativ bald muss Erich jedoch einsehen, dass der neue Trainer eher auf andere Spieler setzt; obwohl diese teilweise weniger erfahren sind und sogar öfter Fehler machen als er, muss sich Erich mit einem Platz auf der Ersatzbank begnügen. Erich kämpft die gesamte Saison über hart dafür, wieder von Beginn an eingesetzt zu werden, doch seine Mühen erscheinen zwecklos. Zum Saisonende erfährt er, dass er für die nächste Saison gar nicht mehr vorgesehen ist, und er beginnt, an sich zu zweifeln. Aus diesem Grund nimmt er trotz Einladungen an den Probetrainings anderer Mannschaften für die kommende Saison gar nicht erst teil.
Motivationale Folgen Individuen verlieren die Motivation, Ereignisse in ihrer Umgebung zu kontrollieren, oder sie geben schnell auf, weil aufgrund der Erwartung der Unkontrollierbarkeit kein Anreiz mehr vorhanden ist, auf künftige Ereignisse Einfluss zu nehmen. Im Verhalten äußert sich dieses motivationale Defizit in Passivität und einer verminderten Leistungsbereitschaft. Erich erhält demnach die Information von Nicht-Kontingenz zwischen seinen Bemühungen und dem Ereignis, er erwartet auch für künftige Situationen, dass er mit seinen Handlungen keinen Einfluss auf das Geschehen ausüben kann. Dies hat u.U. zur Folge, dass Erich in Zukunft bei unvorhergesehenen Ereignissen (bspw. einer unangekündigten Klausur) schnell aufgibt, ohne sich konsequent zu bemühen, seine Leistung abzurufen.

Beispiel aus der Praxis
Kognitive Folgen Aufgrund der generalisierten Erwartung der Unkontrollierbarkeit von Ereignissen ist die Möglichkeit eingeschränkt, aus den eigenen Erfahrungen zu lernen und zu erkennen, dass keineswegs alle Situationen unkontrollierbar sind, sondern vielmehr eine Reihe von Ereignissen signifikant beeinflusst werden kann. Die generalisierte Hilflosigkeitserwartung kann hierbei zu allgemeinen Lernschwierigkeiten führen und zum Hindernis, neue Zusammenhänge zwischen eigenem Verhalten und eintretenden Ereignissen zu erkennen. Erichs generalisierte Hilflosigkeitserwartung führt dazu, dass er glaubt, auch künftige Situationen nicht beeinflussen zu können. Als Erichs letzter Trainer ihn ein Jahr später wieder zum Training bei dessen neuer Mannschaft einlädt, reagiert er mit einer Absage, weil er keinen neuen Zusammenhang zwischen der Einladung und des damit verknüpften veränderten Trainerverhaltens herstellt. Erich denkt vielmehr, dass der Trainer ihn bei solch einem Treffen mit Sicherheit erneut demütigen wolle.
Emotionale Folgen Wenn ein Individuum stets überzeugt davon ist, Ereignisse nicht kontrollieren zu können, treten negative affektive Reaktionen in Form von Ärger, Resignation oder Niedergeschlagenheit auf, die sich in ernsthaften psychischen Erkrankungen manifestieren können (bspw. in Form depressiver Erkrankungen). Der Ärger und die Enttäuschung über sein Ausscheiden in der Fußballmannschaft lassen Erich mit der Zeit resignieren, häufig fühlt er sich sogar zu schlecht, um die Kurse an der Universität zu besuchen. Zudem erlebt er sich öfters als nutzlos, da der Sport ihm bislang viel Halt und Sicherheit geboten hatte; über seine sportlichen Erfolge hatte er stets soziale Anerkennung erfahren und sein Selbstkonzept stärken können. Diese Wertlosigkeitsgefühle halten ihn auch davon ab, wieder eigenverantwortlich zu trainieren, um zurück in die „alte Form" zu finden. Er ist überzeugt, an der aktuellen Situation nichts mehr ändern zu können.

3-15: psychologische Folgen erlernter Hilflosigkeit am Beispiel eines Sportlers

Mittels der Erkenntnisse zum Phänomen der erlernten Hilflosigkeit werden die oftmals sehr weitreichenden Konsequenzen ersichtlich, die sich aus einer als subjektiv unkontrollierbar erlebten Situation ergeben können. Sie bieten insofern eine wichtige Hilfe gerade auch für das Handeln in sozialen Berufen.

Reflexionsfragen

- Beschreiben Sie, wie die Entstehung von erlernter Hilflosigkeit nach Seligmann erklärt wird.
- Welche Rolle spielt die subjektiv wahrgenommene Unkontrollierbarkeit einer Situation und die Unvermeidbarkeit negativer Konsequenzen für die Genese erlernter Hilflosigkeit?
- Wie lässt sich erlernte Hilflosigkeit beim Menschen experimentell erzeugen?
- Welche Folgen entstehen durch die Erfahrung erlernter Hilflosigkeit auf kognitiver, emotionaler und motivationaler Ebene?
- Erläutern Sie anhand von Beispielen aus der sozialen Praxis, inwieweit Sie das Wissen über erlernte Hilflosigkeit für Ihr berufliches Handeln sinnvoll verwerten können.

3.2.4 Sozial-kognitive Lerntheorie

Wichtige Vertreter Albert Bandura (*1925) John S. Dollard (1900-1980) Walter Mischel (*1930) Julian B. Rotter (*1916) Richard H. Walters (1918-1967)

Literatur im Überblick Bandura, A. (1979). Sozial-kognitive Lerntheorie. Stuttgart: Klett-Cotta. Baumgart, F. (2007). Entwicklungs- und Lerntheorien: Erläuterungen - Texte - Arbeitsaufgaben. In F. Baumgart (Hrsg.), Studienbücher Erziehungswissenschaft, Bd. 2. Bad Heilbrunn: Klinkhardt et al. Bodenmann, G., Perrez, M., Schär, M. & Trepp, A. (2011). Klassische Lerntheorien. Grundlagen und Anwendungen in Erziehung und Psychotherapie. Bern: Hans Huber. Mietzel, G. (2007). Pädagogische Psychologie des Lernens und Lehrens. Göttingen: Hogrefe.

Die sozial-kognitive Lerntheorie ist ganz entscheidend mit dem Namen *Albert Bandura* verbunden. Die Theorie ist zwar populärer unter dem Begriff des Modell-Lernens oder des Beobachtungs-, Imitations- bzw. Nachahmungslernens, jedoch bringt der Name „sozial-kognitive Lerntheorie" den entscheidenden paradigmatischen Wechsel nach den klassischen behavioristischen Theorien zum Ausdruck, nämlich die Berücksichtigung kognitiver Prozesse beim Lernen (s.a. die Ausführungen zur erlernten Hilflosigkeit). Insofern hebt sich Bandura fundamental von den Annahmen des klassischen und operanten Konditionierens ab, allerdings integriert er mit den Verstärkungs-Prozessen durchaus originär behavioristische Elemente.

Im Rahmen der sozial-kognitiven Lerntheorie (Bandura, 1989, 1992) resultieren Verhaltensänderungen durch die Beobachtung des Modell-Verhaltens und der Konsequenzen, die auf dieses Verhalten folgen (s. 3-16). Viele Verhaltensmuster, die Menschen im Laufe ihres Lebens erwerben, sind also nicht das Ergebnis direkter eigener Erfahrungen, vielmehr werden kognitiv die beobachteten Erfahrungen anderer verarbeitet und hieraus entsprechende Schlüsse für das eigene Handeln gezogen. Dies gilt zum einen für die Aneignung neuer

Verhaltensmuster (wie benehme ich mich richtig bei Tisch, wie fahre ich Rad, Ski usw.), aber auch für die Frage, ob ich vorhandene Verhaltensmuster in bestimmten Situationen tatsächlich zeige (so sind bestimmte Verhaltensweisen auf dem Fußballplatz durchaus legitim oder sogar erwünscht, während dieselben Verhaltensweisen am Arbeitsplatz negativ sanktioniert werden).

Ein klassisches Experiment
Untersuchungsfrage Welche Verhaltensweisen werden von Kindern bei der ausschließlichen Beobachtung eines Modells gelernt?
Methode In dem sogenannten *Bobo-Doll-Experiment* zeigte Bandura Kindergartenkindern einen Film, in dem eine erwachsene Person aggressive Handlungen gegenüber einer Puppe ausführte. Die ausgeführten aggressiven Handlungen waren den Kindern bislang unbekannt. Er sagte ihnen, dass der Film zur Überbrückung gedacht sei und dass sie im Anschluss daran in einem Überraschungszimmer spielen dürften. Er teilte die Kinder in drei Gruppen auf und zeigte ihnen unterschiedliche Enden des Films: Gruppe A beobachtete, dass die Person keinerlei Konsequenzen (also weder positiv noch negativ) auf ihr aggressives Verhalten erfährt. Gruppe B beobachtete, dass das aggressive Verhalten belohnt wird. Gruppe C beobachtete hingegen, dass das aggressive Verhalten bestraft wird. Im Anschluss an den Film durften die Kinder in dem Überraschungsraum spielen, in dem sie u.a. auch die im Film gesehene Puppe fanden. Bandura beobachtete nun das Verhalten der Kinder im Umgang mit dieser Puppe.
Ergebnisse Gruppe A (keine Konsequenzen) und Gruppe B (Belohnung aggressiven Verhaltens) zeigten im Vergleich zur Gruppe C (Bestrafung aggressiven Verhaltens) deutlich häufiger das zuvor erstmals beobachtete aggressive Verhalten gegenüber der Puppe. Allerdings hatte auch Gruppe C das aggressive Verhalten gelernt, denn auf Aufforderung zeigten die Kinder der Gruppe C dieses Verhalten ebenso wie die Kinder der Gruppen A und B. Das aggressive Verhalten hatten demnach alle Kinder durch Beobachtung gelernt, jedoch wurde das tatsächliche Auftreten des Verhaltens von den beobachteten Konsequenzen signifikant beeinflusst.

3-16: Das klassische Bobo-Doll-Experiment (n. Bandura, Ross & Ross, 1961)

Modelllernen nach Bandura lässt sich systematisch in vier Komponenten formalisieren (s. 3-17).

Vier-Komponenten-Modell nach Bandura	**Beschreibung**
Aneignungsphase (Akquisition)	1. Schritt: Aufmerksamkeitsprozesse • Um ein Verhalten durch Beobachtung eines Modells lernen zu können, muss diesem Modell hinreichend Aufmerksamkeit geschenkt werden. Wem in welcher Weise aber Aufmerksamkeit gewidmet wird, hängt hierbei von ganz unterschiedlichen Faktoren ab (Sympathie, Status, Vertrauen usw.). 2. Schritt: Gedächtnisprozesse • Die beobachteten Merkmale werden kognitiv verarbeitet.
Ausführungsphase (Performanz)	3. Schritt: Motorische Reproduktionsprozesse • Das beobachtete Verhalten wird kognitiv und auch motorisch eingeübt, insbesondere bei dem Erwerb neuer Verhaltensmuster (etwa Rad fahren). 4. Schritt: Verstärkungs- und Motivationsprozesse • Entscheidend für die Frage, ob ein erworbenes Verhaltensmuster auch wirklich ausgeführt wird, sind die beobachteten Konsequenzen, die auf ein Verhalten folgen. Hier gelten im Prinzip die Annahmen des operanten Konditionierens über die Wirkung von Verstärkern. Aber selbst wenn ein Verhaltensmuster nicht ausgeführt wird, es aber prinzipiell gezeigt werden könnte, hat Lernen stattgefunden. Dieses bezeichnet man dann als latentes Lernen.

3-17: Vier-Komponenten-Modell des Modell-Lernens (n. Bandura, 1989)

Es lassen sich nun folgende Lerneffekte unterscheiden (s.a. 3-18):

- Es kommt zu einem *modellierenden* Effekt, wenn neue Verhaltensmuster erworben werden.
- Es kommt zu einem *enthemmenden* Effekt, wenn die Auftrittswahrscheinlichkeit bereits erworbener Verhaltensmuster steigt, weil das beobachtete Modell verstärkt wurde.
- Es kommt zu einem *hemmenden* Effekt, wenn die Auftrittswahrscheinlichkeit bereits erworbener Verhaltensmuster sinkt, weil das beobachtete Modell bestraft wurde.
- Es kommt zu einem *auslösenden* Effekt, wenn nach der Beobachtung des Modells bereits erworbene Verhaltensmuster gezeigt werden.

Beispiele aus der Praxis
Modellierender Effekt Eine Person beobachtet eine für sie bisher unbekannte Verhaltensweise aufmerksam und verarbeitet sie kognitiv. Da das Modell positive Konsequenzen erfahren hat und die Person sich in der Lage sieht, die Handlung zu reproduzieren, wird sie das Verhalten bei nächster Gelegenheit zeigen. Ein Student beobachtet, wie ein Kommilitone ein Referat vor einer großen Gruppe hält und dafür Lob und Aufmerksamkeit erhält. Bisher hat der Student noch kein eigenes Referat gehalten, er entschließt sich aber, dieses bei nächster Gelegenheit nachzuholen.
Enthemmender Effekt Eine im Verhaltensrepertoire verfügbare Verhaltensweise wird in einer Situation dadurch enthemmt, dass die Person A beobachtet, wie Person B positive Konsequenzen für dieses Verhalten erfährt. Die Person A ist nun bestrebt, das Verhalten zu zeigen, um ebenso positive Konsequenzen zu erhalten. Ein Student beobachtet während eines Seminars einen Kommilitonen, der sich rege an der Sitzung beteiligt und vor diesem Hintergrund unterstützend seitens des Dozenten behandelt wird. Der Student wird motiviert, sich künftig ebenfalls verstärkt einzubringen.

Beispiele aus der Praxis
<u>Hemmender Effekt</u> Eine im Verhaltensrepertoire verfügbare Verhaltensweise wird in einer Situation dadurch gehemmt, dass Person A beobachtet, wie eine andere Person B negative Konsequenzen für dieses Verhalten erfährt. Person A ist in der Folge bestrebt, das Verhalten zu vermeiden, um auf diese Weise negative Konsequenzen für sich zu verhindern. Ein Student beobachtet während eines Seminars einen Kommilitonen, der sich rege mit seinem Handy beschäftigt und daher von dem Dozenten auf sehr deutliche Weise verbal diszipliniert wird. Der Student wird motiviert sein, sich nicht mit dem Handy zu beschäftigen, da er eine solche Form der Zurechtweisung fürchtet.
<u>Auslösender Effekt</u> Person A ahmt das beobachtete Verhalten einer Person B unmittelbar nach, ohne dass es sich hierbei für sie um ein neues Verhalten handelt oder positive Konsequenzen erwartet werden. Es ist fraglich, ob es sich an dieser Stelle tatsächlich um Lernen handelt (Bargh & Chartrand, 1999), da durch das menschliche Bedürfnis nach Affiliation die Verhaltenssymmetrie ebenfalls erhöht wird. Dabei unterliegt das eigene Verhalten der Konformität, es verändert sich aufgrund des tatsächlichen oder angenommenen Einflusses anderer Personen. Ein Student wird durch das Gähnen anderer in einem Seminar angesteckt.

3-18: Beispiele für die vier Arten von Effekten beim Modelllernen (n. Rosemann & Bielski, 2001)

Die sozial-kognitive Lerntheorie nach Bandura stellt somit eine deutliche Erweiterung radikaler behavioristischer Annahmen dar - zum einen wird der soziale Einfluss beim Lernen betont, zum anderen die menschliche Fähigkeit, durch Antizipation von Verhaltensfolgen zu lernen.

Reflexionsfragen

- Beschreiben Sie die Prozesse des Beobachtungslernens nach Bandura.
- Welche Arten von Lerneffekten werden in der sozial-kognitiven Lerntheorie unterschieden?
- Welche Faktoren sind nach Bandura ausschlaggebend, ob ein Modell nachgeahmt wird oder nicht?
- Welche Gemeinsamkeiten bzw. Unterschiede lassen sich bei Bandura mit Blick auf behavioristische Lerntheorien ausmachen?
- Benennen Sie Beispiele aus der beruflichen Praxis, wie Sie gewollt oder ungewollt als Modell fungieren. Welche Möglichkeiten der Einflussnahme auf das Verhalten der ihnen anvertrauten Personen sehen Sie?

3.3 Kognitive Lerntheorien

Die kognitionspsychologische Forschung beschäftigt sich als Grundlagenbereich der Psychologie mit den höheren geistigen Funktionen des Menschen (s. etwa Koffka & Stadler, 2008). Es werden also Fragen zum Gedächtnis, zu den Prozessen des Denkens und Problemlösens, zur Aufmerksamkeit und zur Sprache behandelt. Die Kognitionspsychologie wird von daher auch als Wissenschaft der Erkenntnis und des Wissens bezeichnet, sie ist interdisziplinär verbunden mit der Informatik, der Neurowissenschaft, der Linguistik und der Philosophie.

3.3.1 Lernen durch Einsicht

Wichtige Vertreter
Karl Bühler (1879-1963)
Kurt Koffka (1886-1941)
Wolfgang Köhler (1887-1967)
Kurt T. Lewin (1890-1947)
Max Wertheimer (1880-1943)

Literatur im Überblick

Galli, G., Galli, A.A. & Armezzani, M. (2010). Gestaltpsychologie und Person. Entwicklungen der Gestaltpsychologie. Wien: Krammer.

Koffka, K. & Stadler, M. (2008). Zu den Grundlagen der Gestaltpsychologie: ein Auswahlband. Wien: Krammer.

Köhler, W. (1971). Die Aufgabe der Gestaltpsychologie. Berlin; New York: de Gruyter.

Köhler, W. (1963). Intelligenzprüfung an Menschenaffen. Berlin: Springer.

Lefrançois, G.R. (2006). Psychologie des Lernens (4. Aufl.). Heidelberg: Springer.

Schulte, K.M. (2005). Lernen durch Einsicht: Erweiterung des gestaltpsychologischen Lernbegriffs. Wiesbaden: VS.

Wertheimer, M. & Walter, H.-J. (1991). Zur Gestaltpsychologie menschlicher Werte. Opladen: Westdeutscher Verlag.

Was ist unter Einsicht zu verstehen, und welche Rolle spielt diese im Kontext von Lernen?

Definition

„Einsicht ist die plötzliche Wahrnehmung von Beziehungen zwischen den Elementen einer Problemsituation“ (Edelmann, 1994; zit. n. Rosemann & Bielski, 2001, S. 54).

Beim einsichtigen Lernen sind die Wahrnehmungsvorgänge für das Verständnis des Lernprozesses zentral. Im Sinne der Gestaltpsychologie ist der Organismus bestrebt, die Wahrnehmung seiner Umwelt so zu strukturieren, dass eine gute Gestalt entsteht. Die Gestaltpsychologen Wolfgang Köhler, Max Wertheimer und Kurt Koffka gelten als die wesentlichen Begründer dieser kognitiv orientierten Lerntheorie, die durch die Annahme, dass Lernen durch Einsicht - also kognitive Prozesse - erfolgt, im radikalen Gegensatz zum Behaviorismus nach Watson, Thorndike und Skinner steht (s. Lefrançois, 2006, S. 171ff.). Es lassen sich in der Tradition der Gestaltpsychologie nachfolgende Wahrnehmungsprinzipien unterscheiden:

- Im Sinne der *Ähnlichkeit* werden Wahrnehmungsgegenstände nach dem Ordnungskriterium der höchsten gemeinsamen Übereinstimmung zusammengefasst.
- Im Sinne der *Geschlossenheit* werden unvollständige Wahrnehmungsgegenstände als vollständig bzw. als geschlossen organisiert.
- Im Sinne der *Kontinuität* werden Wahrnehmungsgegenstände nach dem Ordnungskriterium der Zusammengehörigkeit zu vorherigen Reizen strukturiert.
- Im Sinne der *Nähe* werden Wahrnehmungsgegenstände nach dem Ordnungskriterium der geringen Distanz zueinander zusammengefasst.

Vor dem Hintergrund dieser Prinzipien werden Situationen wahrgenommen (s. 3-19); diesen wird sodann eine Ordnung gegeben, weshalb sie subjektiv sinnstiftend sind. Allerdings können selbstverständlich die Wahrnehmungsmuster verschiedener Personen auseinanderklaffen, zudem kann ein subjektives Wahrnehmungsmuster von den Gegebenheiten der objektiven Wirklichkeit abweichen.

Beispiele	
<u>Prinzip der Ähnlichkeit</u> 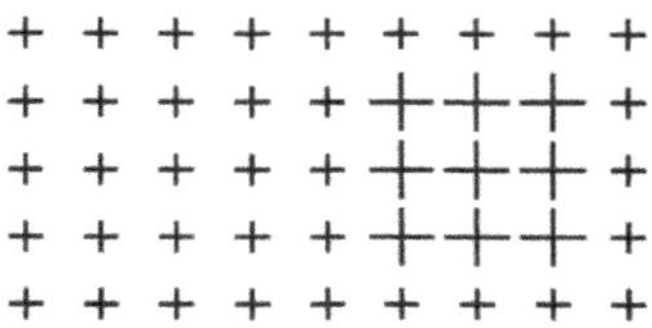	Elemente, die einander ähnlich sind, werden als zusammengehörig wahrgenommen. Beispiel: In der nebenstehenden Abbildung sind kleine und große Kreuze zu erkennen, die jeweils als zusammengehörig erlebt werden.
<u>Prinzip der Geschlossenheit</u> 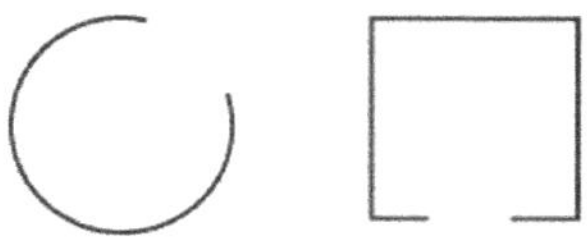	Elemente, die sich zu einer „guten" Form schließen lassen, werden als zusammengehörig wahrgenommen. Beispiel: Die beiden nebenstehenden Figuren werden als Kreis und als Quadrat wahrgenommen, die fehlenden Verbindungen werden ergänzt.
<u>Prinzip der Kontinuität</u> 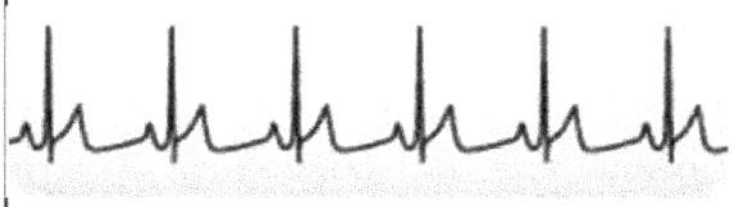	Reize, die vorangegangene Reize fortführen, werden als zusammengehörig wahrgenommen. Beispiel: Die Reize werden als rhythmische Herztätigkeit wahrgenommen, sie werden gedanklich fortgeführt.
<u>Prinzip der Nähe</u> 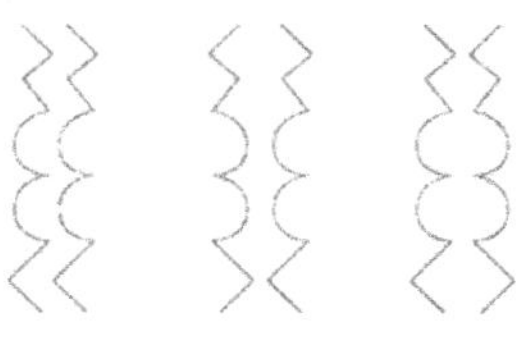	Elemente, die nahe beieinander stehen, werden als zusammengehörig wahrgenommen. Beispiel: Links stehend sind sechs Linien zu erkennen, die jedoch nicht einzeln wahrnehmen werden, es werden jeweils zwei Linien einer „Figur" zugeordnet, da sie sich in größerer Nähe zueinander befinden.

3-19: Gestaltpsychologische Prinzipien der Wahrnehmung

Verhaltensänderungen im Sinne des einsichtigen Lernens kommen nach der Idee der Gestaltpsychologie dadurch zustande, dass die Elemente einer Problemsituation so umstrukturiert und umorganisiert werden, dass sie eine „gute Gestalt" ergeben:

Ausgangspunkt ist zunächst eine Problemsituation, die seitens einer Person gelöst werden will. In einem ersten Schritt werden nun nach dem Prinzip des operanten Konditionierens Bewältigungsstrategien eingesetzt, die sich in vergleichbaren Situationen als erfolgreich herausgestellt haben, bzw. man orientiert sich nach dem Prinzip des sozial-kognitiven Lernens an den beobachteten erfolgreichen Bewältigungsstrategien anderer. Erst wenn auf diese Weise kein Erfolg eintritt, werden gedanklich mögliche alternative Strategien durchgespielt, wobei man alle Elemente der Problemsituation in diesen Prozess integriert. Der somit in Gang gesetzte Vorgang der kognitiven Umstrukturierung der jeweiligen Elemente aus der gegebenen Problemsituation mündet in den so genannten Aha-Effekt, wenn man zu der Überzeugung gelangt ist, eine erfolgversprechende Strategie gefunden zu haben, die dann in einem letzten Schritt in der Realität eingesetzt wird. Erfolgreiche Strategien werden nun dem bereits bestehenden Verhaltensrepertoire hinzugefügt. Im Falle eines ausbleibenden Erfolgs werden weitere alternative Strategien durchgespielt.

Diese Art kognitiver Erkenntnisse in der Lernpsychologie gehen insbes. auf die Experimente Wolfgang Köhlers zum Problemlöseverhalten zurück, die dieser auf Teneriffa mit Affen durchführte (Köhler, 1929; s. 3-20, 3-21).

Ein klassisches Experiment
Untersuchungsfrage Inwieweit erkennen Schimpansen den Gebrauch von Werkzeugen als Hilfsmittel zur Lösung eines praktischen Problems?
Methode Köhler hängte eine Banane in einer Höhe auf, die für den Schimpansen mit Springen alleine unerreichbar ist. In einiger Entfernung stellte er zudem eine Kiste auf.

Ein klassisches Experiment
Ergebnisse Zunächst versucht der Schimpanse, durch Springen an die Banane zu gelangen. Nach einigen erfolglosen Unternehmungen scheint es zunächst so, als dass er aufgibt. Dann wendet sich der Schimpanse jedoch der Kiste zu und blickt abwechselnd zu dieser und dem Ziel. Letztendlich schiebt er die Kiste unter das Ziel, klettert darauf und gelangt auf diese Weise an die Banane.

3-20: Köhlers Experiment zum einsichtigen Lernen bei Affen (n. Köhler, 1929)

Beispiele aus der Praxis
• Eine Schülerin bemerkt, dass 3 x 5 gleichbedeutend ist mit 5 + 5 + 5. • Ein Klavierschüler kann eine Passage erst nachspielen, nachdem er das gesamte Stück gehört hat. • Ein Schüler gewinnt die Einsicht, dass alle Substantive groß geschrieben werden.

3-21: Praxisbeispiele für Lernen durch Einsicht

Lernen durch Einsicht verläuft nach systematischen Phasen (s. Winkel, Petermann & Petermann, 2006, S. 149f.):

- Wahrnehmung aller Komponenten einer Problemsituation
- Herstellung von Beziehungen zwischen den Komponenten
- zielgerichtete Ausführung lösungsführender Handlungen

Köhlers Beobachtungen an Affen zufolge geht der Einsicht stets ein „Aha-Erlebnis" voraus, in der sich die Wahrnehmung einer Struktur und lösungsführender Handlungen manifestieren. Die Tiere lösen komplexe Probleme sehr plötzlich, nachdem sie sich teilweise längere Zeit mit anderem beschäftigt haben. Damit widerlegte Köhler Thorndikes Annahme, dass Tiere ausschließlich durch Versuch und Irrtum lernen können (s. Lefrançois, 2006, S. 171f.).

Die Gestaltpsychologie gilt heute als Vorläufer der modernen Kognitionspsychologie. Die Arbeiten der Gestaltpsychologen zum Bereich des Lernens trugen wesentlich zur Erkenntnis bei, dass kognitive Prozesse ein bedeutender Bestandteil vom Lernen sind. Somit wurde in den 1930er Jahren in den USA durch die aus Deutschland eingewanderten Gestaltpsychologen eine einflussreiche Gegenposition zum damals in den USA etablierten Behaviorismus etabliert, wodurch die weitere Entwicklung der psychologischen Forschung auf diesem Gebiet maßgeblich beeinflusst werden konnte (s. Lefrançois, 2006, S. 171ff.).

3.3.2 Neuropsychologische und biologische Grundlagen des Lernens

<u>Wichtige Vertreter</u>

Donald O. Hebb (1904-1985)
Eric R. Kandel (*1929)
Hans J. Markowitsch (*1949)
Paško Rakić (*1933)
Wolf Singer (*1943)

<u>Literatur im Überblick</u>

Birbaumer, N. & Schmidt, R.F. (2006). Biologische Psychologie (6. Aufl.). Heidelberg: Springer.

Buchner, A. (2006). Funktionen und Modelle des Gedächtnisses. In H.-O. Karnath & P. Thier (Hrsg.), Neuropsychologie (S. 437-447). Heidelberg: Springer.

Kandel, E., Schwartz, J. & Jessel, T. (Hrsg.). (1996). Neurowissenschaften: eine Einführung. Heidelberg: Spektrum.

Markowitsch, H.J. (2005). Neurobiologie: Lernen und Vergessen. Berlin: Anti-Aging /GSAAM.

Scheunpflug, A. (2001). Biologische Grundlagen des Lernens. Berlin: Cornelsen Scriptor.

Um Lernvorgänge besser verstehen zu können, sind basale Kenntnisse von den Prozessen der Informationsaufnahme und -verarbeitung im Gedächtnis zwingend erforderlich. Die Nervenzellen im Gehirn und Rückenmark bilden das zentrale Nervensystem, es steuert alle einlaufenden äußeren und inneren Reize. Die Nervenzellen außerhalb des Gehirns und des Rückenmarks bilden das periphere Nervensystem, dieses ist verantwortlich für die Informationsweiterleitung von den sensorischen Rezeptoren zum Gehirn bzw. vom zentralen Nervensystem zu den Drüsen und Muskeln. Das somatische Nervensystem als Teil des peripheren Nervensystems ist durch den Willen des Menschen kontrollierbar, eingehende Reize werden bewusst wahrgenommen. Das autonome

Nervensystem als weiterer Teil des peripheren Nervensystems ist hingegen durch den Willen des Menschen in der Regel nicht kontrollierbar, hierüber werden die lebenswichtigen Körperfunktionen kontrolliert.

Mit Blick auf den Aufbau des Gedächtnisses unterscheiden Atkinson & Shiffrin (1968) in ihrem klassischen 3-Komponenten-Modell (s. 3-22, 3-23)

- das sensorische Register (Ultrakurzzeitgedächtnis)
- das Kurzzeitgedächtnis (primäres Gedächtnis, Arbeitsspeicher)
- das Langzeitgedächtnis (sekundäres Gedächtnis)

Das sensorische Register hat eine extrem hohe Speicherkapazität, einlaufende Informationen werden aber nur sehr kurz (ca. 5 Sekunden) gespeichert. Diese Speicherung erfolgt entweder auditiv (echoisches Gedächtnis) oder aber visuell (ikonisches Gedächtnis), die aus der Reizmenge selektierten Informationen werden in das Kurzzeitgedächtnis überführt.

Das Kurzzeitgedächtnis hat eine geringe Speicherkapazität (7 +/- 2 Informationseinheiten), es verfügt dabei über eine Speicherdauer von ca. 20 Sekunden. Eingehende Informationen werden im Zuge der Elaboration mit bereits vorhandenen Informationen aus dem Langzeitgedächtnis verknüpft. Bei dem sogenannten bottom-up-Prozess ist der ankommende Reiz Ausgangspunkt dieser Verknüpfung (induktiv von unten nach oben), während bei dem top-down-Prozess anhand der bereits vorhandenen Informationen aus dem Langzeitgedächtnis quasi deduktiv von oben nach unten ein Abgleich mit dem neuen Reiz vorgenommen wird.

Das Langzeitgedächtnis ist in organisierten Mustern gespeichert und verfügt über eine unbegrenzte Speicherkapazität sowie eine zum Teil lebenslange Speicherdauer. Es werden zwei Formen des Langzeitgedächtnisses unterschieden, die unterschiedliche Arten von Informationen speichern: Das deklarative Gedächtnis, auch Wissens- oder explizites Gedächtnis genannt, speichert eine Reihe von Tatsachen und Ereignissen, die bewusst wiedergegeben werden können. Es beinhaltet Fakten und Wissen über die eigene Person (episodisches Gedächtnis) und ihre Umwelt (semantisches Gedächtnis), während sich das prozedurale Gedächtnis (Verhaltensgedächtnis) auf persönliche Erwartungen, Fertigkeiten und Verhaltensweisen bezieht (s. 3-22).

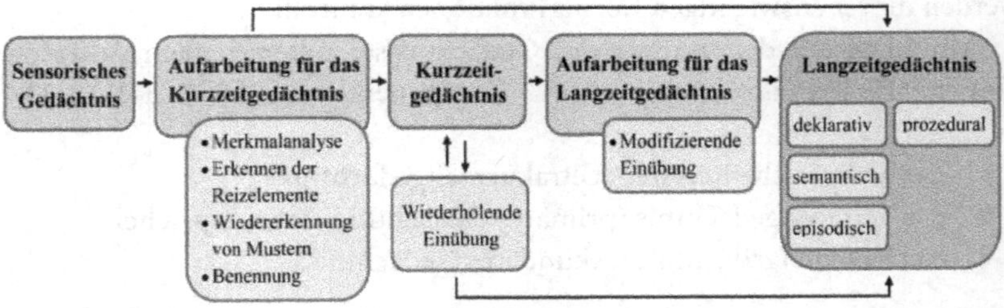

3-22: Das menschliche Informationsverarbeitungssystem (mod. n. dem Modell von Atkinson & Shiffrin, 1968)

Beispiele aus der Praxis	
sensorisches Register	Es wird ein detailliertes Abbild eines Reizes abgebildet, der gerade dargeboten wird. Blickt man auf die Seite eines Buches, wird die Seite für ein paar hundert Millisekunden detailgetreu wiedergegeben. Auch ist der Mensch in der Lage, die zuletzt gehörten Wörter eines Gesprächs wiederzugeben, selbst wenn er diesem keine bewusste Aufmerksamkeit geschenkt hat.
Kurzzeitgedächtnis	Es werden Informationen gespeichert, die man für die Lösung einer gerade vorliegenden Aufgabe benötigt. Soll bspw. die Aufgabe 25 x 3 + 4 gelöst werden, ist es zunächst notwendig, die korrekte Rechenregel anzuwenden, das Zwischenergebnis zu speichern und dieses im zweiten Rechenschritt zur Lösung der Aufgabe zu verwenden.
bottom-up-Prozesse (Prozesse von unten nach oben)	Wahrgenommene Reize aus der Umgebung werden untersucht und in ihre Teile zerlegt, um sie dann zu einem befriedigenden Ergebnis zusammenzufügen. Reize, wie etwa ein Buch oder eine Tasse, werden analysiert und als entsprechende Gegenstände erkannt. Die gedanklichen Prozesse beginnen bei den Reizen selbst („unten"), um sich auf kognitiv höhere Ebenen vorzuarbeiten („oben"), damit den Reizen eine Bedeutung zugeschrieben werden kann.

Beispiele aus der Praxis	
top-down-Prozesse (Prozesse von oben nach unten)	Höhere kognitive Prozesse nehmen auf der Grundlage bereits vorhandenen Wissens Einfluss auf die Bedeutungszuschreibung. Erfahrung und Wissen in einem bestimmten Kontext helfen dabei, bekannte Gegenstände zu erkennen und unsere Wahrnehmung zu lenken - so wird etwa das Symbol „I3“ in der Abfolge 12, I3, 14 anders wahrgenommen als in der Abfolge A, I3, C.
Langzeitgedächtnis	Im episodischen Gedächtnis werden Informationen über persönliche Erlebnisse gespeichert, bspw. die Erinnerung an einen bestimmten Geburtstag. Im semantischen Gedächtnis werden hingegen Fakten gespeichert, etwa das Wissen über eine bestimmte psychologische Theorie, Fachwissen im privaten Bereich (Hobbys) oder auch Namen bedeutsamer Politiker. Das prozedurale Gedächtnis schließlich speichert Wissen über Bewegungs- und Handlungsabläufe, u.a. die Fähigkeit zu schwimmen oder Fahrrad zu fahren, aber auch einzelne Arbeitsabläufe.

3-23: Beispiele für Gedächtnisprozesse nach dem Dreispeichermodell (n. Mietzel, 2007)

Das Gedächtnismodell nach Atkinson & Shiffrin ist von seiner Grundidee nach wie vor bedeutsam, es hat sich aber als zu stark vereinfacht erwiesen. Vor allem neuropsychologische Studien, die sich mit verhaltensmäßigen Auswirkungen von Hirnschädigungen bei Patienten befassten, führten zu neuen Erkenntnissen in der Gedächtnisforschung. So legte Baddeley (1986) mit dem Mehrspeichermodell eine wichtige Differenzierung für das Kurzzeitgedächtnis vor, das die bewusste, aktive Verarbeitung von auditiven und visuell-räumlichen Informationen fokussiert. In metaphorischer Anlehnung an den Computer als informationsverarbeitendes System wird dieses Modell als „Arbeitsspeichermodell“ bezeichnet - die zentrale Exekutive kontrolliert und steuert die Aufmerksamkeitsprozesse, welche die Voraussetzung bilden für die Verarbeitung eingehender sensorischer Informationen (s. 3-24). Dieses Modell zum Arbeitsgedächtnis wird durch diverse neuropsychologische Studien gestützt (u.a. Buchner, 2006; Goldenberg, 2002).

Zur Differenzierung der Komponenten des Langzeitgedächtnisses lässt sich auf verschiedene Nomenklaturen zurückgreifen; verbreitet ist die Unterteilung in deklarative und nondeklarative Komponenten, synonym werden hierzu auch die Bezeichnungen explizites (statt deklaratives) und implizites (statt nondeklaratives) Gedächtnis verwendet. Zum deklarativen Langzeitgedächtnis gehören das semantische und das episodische Gedächtnis. Das semantische Gedächtnis speichert Faktenwissen über die Welt, bspw. das Wissen, dass Sydney eine Großstadt, aber nicht die Hauptstadt von Australien ist. Falls Sie schon einmal in Sydney waren, werden Sie sich daran erinnern, was Sie dort erlebt und empfunden haben - dies sind episodische Gedächtnisinhalte. Zum nondeklarativen Gedächtnis zählen unbewusste Lernvorgänge wie etwa Priming und Konditionierungsprozesse ebenso wie prozedurales Wissen (s. 3-24).

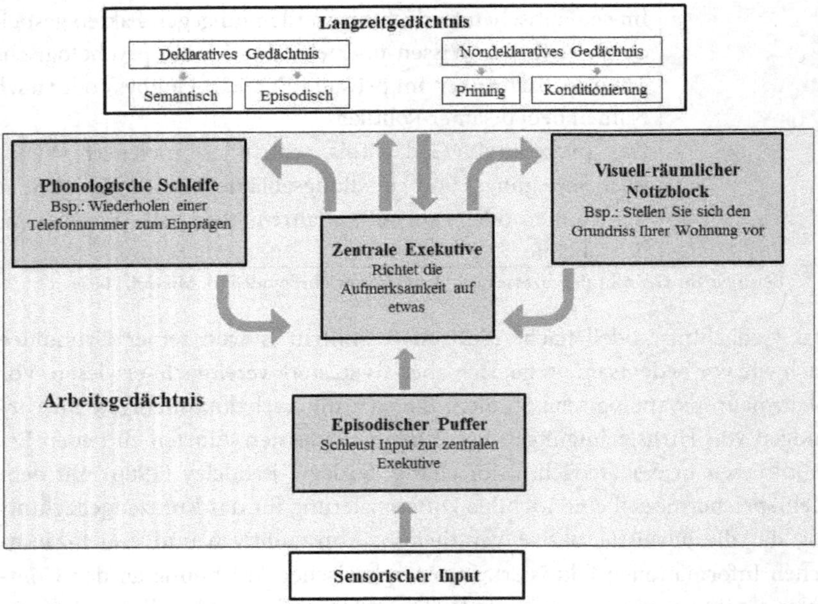

3-24: Erweitertes Gedächtnismodell (mod. n. Baddeley, 1986, Myers, 2008 und Winkel, Petermann & Petermann, 2006)

Lernstrategien können nun zur Verbesserung der Gedächtnisleistung dahingehend beitragen, dass eingehende Informationen besser aufgenommen, verarbeitet und gespeichert werden können, insbesondere sind sie dabei behilflich, die Speicherkapazität und -dauer temporär zu erhöhen (s. 3-25).

Beispiele für Lernstrategien	
Chunking	
Informationen können besser erinnert werden, wenn sie zu größeren bedeutungstragenden Einheiten („Chunks“) zusammengefasst werden, um die Gedächtnisspanne besser ausnutzen zu können.	Beispiel: Die einzelnen Ziffern 4-9-3-7-7-0-1 lassen sich als eine Postleitzahl 49377 plus die Ziffern 01 zusammenfassen. Die zu merkenden Elemente werden auf diese Weise reduziert.
Vorstellungsbilder und Imagery-Strategien	
Bei dieser Technik wird eine Art „inneres Bild“ von dem Gegenstand aufgrund von Gedächtnisinhalten erzeugt, die wir betrachten können. Die Entwicklung von Vorstellungsbildern ist insofern eine spezifische Art der Informationsverarbeitung. Insbesondere zur Verbesserung der Leseleistung konnten diesbezüglich positive Ergebnisse empirisch fundiert werden. Zum Einüben der Strategie empfiehlt es sich, zunächst mit sehr anschaulichen Texten zu beginnen. Diese Lerntechnik tritt zumeist in Kombination mit weiteren Strategien auf, etwa der Wiederholungsstrategie (s. vertiefend hierzu Bannert & Schnotz, 2006).	Beispiel: Zum Einprägen von Wortlisten verbindet man mit den einzelnen Wörtern passende Bilder, die dann sukzessive zu einer lebhaften Vorstellung zusammenfügt werden. So ließe sich etwa das Wort „Sport“ mit dem Vorstellungsbild eines Fahrrades verbinden, mit einem folgenden Wort (bspw. Kuh) ließe sich dann die Vorstellung herstellen, dass eine Kuh versucht, Fahrrad zu fahren.
Mnemotechnik	
Diese Technik beinhaltet Strategien, um die Gedächtnis- und vor allem die Behaltensleistung (insbesondere bei „sinnlosen“ Informationen) zu erhöhen. Ein Prinzip der klassischen Mnemotechnik ist die bessere topologische Organisation des Wissens.	Beispiel: Verschiedene Tiere werden in Form einer Begriffshierarchie organisiert, bspw. danach, ob es sich um Säugetiere handelt oder nicht. Ein häufig verwendeter Typ sind hierbei Assoziationsketten, bei denen die zu lernenden Begriffe in

Beispiele für Lernstrategien	
	Form einer Geschichte aneinandergereiht werden, etwa: Wecker, Auto, Schneemann →Der Wecker klingelt früh, damit man sich zeitig auf den Weg machen kann, um in den Skiurlaub zu fahren.
Ebenfalls recht bekannt ist die Loci-Methode, bei der zu merkende Gegenstände oder Begriffe anhand eines bekannten Ortes oder Weges assoziiert werden. Innerhalb dieses Ortes oder auf dem Weg werden geistig markierte Plätze geschaffen, auf denen das zu Merkende abgelegt wird.	Beispiel: Zunächst bestimmt man einen Ort, etwa das eigene Zimmer oder einen häufig benutzten Weg (zur Schule, zur Arbeit usw.). Im nächsten Schritt sucht man sich eindeutige geistige Merkplätze, bspw. auf dem Bett, auf dem Schreibtisch, der Fensterbank oder auf dem Weg, eine bestimmte Kreuzung, einen Mülleimer. An diesen Plätzen werden dann zu merkende Inhalte (etwa für eine Einkaufsliste) abgelegt: die Kartoffeln auf dem Bett, die Eier auf dem Schreibtisch usw.

Beispiele für Lernstrategien	
Wiederholungsstrategie	
Diese Strategie arbeitet „vor allem mit repetitiven Prozessen, die auf das Einprägen oberflächlicher Merkmale (bspw. Schriftbild oder Wortklang) ausgerichtet sind“ (Steiner, 2006, S. 101). Oftmals wird das reine Wiederholen von Informationen als negativ betrachtet, dennoch setzt Lernen in der Regel ein Wiederholen voraus. Dieses sollte halblaut bis laut durchgeführt werden. Wichtig ist auch, dass das Abrufen der Informationen geübt wird.	Beispiel: Schwierige Wörter wie „Otorhinolaryngologie“ prägen wir uns durch das Prinzip des Wiederholens ein. Das Schriftbild und der Klang werden enkodiert, so dass das Wort gegliedert wird (Otorhinolaryngologie) und unser Vorwissen aktiviert (logie = Lehre von etwas; rhino = Rhinozerus = Nashorn). Der Schluss, dass es sich um die Lehre von Hals-Nasen-Ohren-Krankheiten handelt, ist damit zwar noch nicht erzielt, dennoch findet auch eine semantische Kodierung statt, welche das Erinnern erleichtert.

3-25: Beispiele für verschiedene Lernstrategien (n. Bannert & Schnotz, 2006; Gerrig & Zimbardo, 2008; Steiner, 2006)

Die Organisation des deklarativen Wissens (Faktenwissen) erfolgt über sog. Begriffe und Schemata. Die Begriffsbildung stellt die Fähigkeit dar, individuelle Erfahrungen zu kategorisieren. Begriffe bezeichnen also Kategorien, in die Gegenstände, Objekte oder Ereignisse auf der Basis spezifischer Gemeinsamkeiten eingeordnet und als Musterbeispiele (Prototypen) im Gedächtnis abgespeichert werden. Es existieren verschiedene Begriffsebenen, sog. Begriffshierarchien, die aus Über-, Grund- und Unterbegriffen bzw. Ober-, Unter- und Subkategorien bestehen (bspw. Lebewesen, Tier, Hund, Labrador). Demgegenüber stellen Schemata geordnete Wissensstrukturen dar, die größere Einheiten als Begriffe oder Prototypen bilden, diese jedoch umfassen. Schemata beinhalten erfahrungsbasiertes Wissen mit seinen emotionalen Anteilen. Sie sind kontextspezifisch (Schul-, Alltagsschemata usw.), dabei vor allem für das Verstehen und Verarbeiten von Informationen relevant (s. Schema-Begriff n. Piaget, Kap. 2).

Auf welche Weise Menschen diese kognitiven Repräsentationen im Gedächtnis einsetzen, wird durch die Forschung anhand zweier zentraler Theorien erklärt: Nach der klassischen Merkmalstheorie (Clark, 1973) werden Objekte auf der Basis einiger wesentlicher und exakt definierter Merkmale kategorisiert; sämtliche dieser Merkmale müssen von gleicher Relevanz und gemeinsam vorhanden sein, um auf diese Weise über die Zugehörigkeit zu einem bestimmten und bereits bekannten Begriff entscheiden zu können. Alternativ hierzu werden nach der Prototypentheorie (Rosch & Lloyd, 1978) Objekte anhand des Vergleichs mit im Gedächtnis abgespeicherten Prototypen (Musterbeispiele) erkannt. Die Objekte müssen dabei eine bestimmte Ähnlichkeit mit dem Prototyp des Begriffs aufweisen (sog. Typikalität). Die Kategorien sind also nicht durch fest zugeordnete Eigenschaften charakterisiert, das Ausmaß der Ähnlichkeit entscheidet über die Zugehörigkeit zu einem bestimmten Begriff.

Die Befunde zahlreicher Studien zur Gegenüberstellung der Merkmals- und Prototypentheorie lassen mittlerweile die Merkmalstheorie favorisieren, allerdings scheinen beide Ansätze alleine nicht den tatsächlichen Verhältnissen gerecht werden zu können, bspw. können Schemata oftmals auch einer Erinnerung entgegenarbeiten (s. vertiefend hierzu Gerrig & Zimbardo, 2008).Von daher wird aus heutiger Forschungsperspektive angenommen, dass die in den Ansätzen postulierten Prozesse sich wechselseitig bedingen.

Innerhalb der Neurowissenschaften besteht mittlerweile Einigkeit dahingehend, dass unsere Gedächtnisinhalte durch eine Vielzahl räumlich-zeitlicher neuronaler Aktivitätsmuster im Gehirn repräsentiert sind und in verschiedenen Gehirnregionen verarbeitet werden, wobei vier Bereiche des Gehirns diesbezüglich besonders relevant sind (s. 3-26).

Die vier wichtigsten Gehirnregionen für das Gedächtnis	Beschreibung
Cerebellum	• Das Cerebellum befindet sich im hinteren Teil des Gehirns. Es ist für das prozedurale Gedächtnis relevant, insbes. für Inhalte, die durch Wiederholen erworben werden (auch für Reaktionen des Klassischen Konditionierens), ebenso für motorisches Lernen.
Striatum	• Das Striatum ist eine komplexe Struktur im Vorderhirn, es scheint die Basis für Gewohnheitsbildung und Reiz-Reaktionsverbindungen zu sein.
cerebraler Cortex	• Der cerebrale Cortex stellt die äußere Schicht des Großhirns dar, er stellt u.a. für das sensorische Gedächtnis und für Assoziationen zwischen den Sinneseindrücken die neuronalen Grundlagen.
Amygdala und Hippocampus	• Die Amygdala und der Hippocampus sind im Kernbereich des Gehirns angesiedelt, sie sind relevant für Gedächtnisinhalte mit emotionalem Gehalt sowie für das deklarative Gedächtnis (Faktenwissen).

3-26: Für das Gedächtnis relevante Hirnstrukturen (n. Gerrig & Zimbardo, 2008)

Das zentrale Nervensystem (Rückenmark und Gehirn) umfasst ca. 100 Milliarden Neuronen (Nervenzellen), die durch die neuronale Kommunikation untereinander (synaptische Übertragungen) auch synaptische Veränderungen bewirken. Genau in jenen Synapsen erfolgt von daher die Erfahrungsspeicherung als eine Grundlage des Lernens. Eine weitere wichtige Rolle für Gedächtnisbildung und Lernprozesse scheint der Hippocampus zu spielen, bspw. leiden Menschen mit einem geschädigten Hippocampus unter Schwierigkeiten, neues Wissen aufzunehmen (s. u.a. Petermann, Niebank & Scheithauer, 2004). Andererseits konnte gezeigt werden, dass erfahrene Taxifahrer in London über einen vergrößerten und stärker vernetzten Hippocampus verfügen, verglichen zu Novizen, die sich auf die Prüfung für die Taxilizenz vorbereiten[3] (Woollett & Maguire, 2011).

Die neuropsychologische Forschung profitiert in der heutigen Zeit durch die neuen Möglichkeiten der elektronenmikroskopischen Betrachtung neuronaler Veränderungen sowie durch diverse bildgebende Verfahren. Auf diese Weise lässt sich präziser ermitteln, welche Gehirnbereiche unter spezifischen Bedingungen aktiv sind bzw. in welchen Bereichen einzelne Gehirnregionen lokalisiert sind (ebd.). Es stehen mittlerweile diverse bildgebende Verfahren zur Verfügung (für einen umfassenderen Überblick s. etwa Gerrig & Zimbardo, 2008; Myers, 2008, S. 56-99; Solso, 2005; s.a. 3-27).

Methode	Beschreibung
MRT (Magnet-Resonanz-Tomographie)	• auch als Kernspintomographie bekannt • erzeugt Schnittbilder des menschlichen Körpers • durch starke Magnetfelder und elektromagnetische Wellen, die der Tomograph erzeugt, werden Atome im Körper angeregt, dieses kann als elektrisches Signal aufgezeichnet werden • vornehmlich in der medizinischen Diagnostik bedeutsam
fMRT (funktionelle Magnet-Resonanz-Tomographie)	• basiert auf MRT, zeichnet jedoch Veränderungen der Hirnaktivität über die Zeit auf • gemessen wird die Sauerstoffsättigung im Blut, die sich nach Intensität der neuronalen Aktivität unterscheidet • mit der Sauerstoffsättigung des Blutes verändern sich dessen magnetische Eigenschaften; es wird also indirekt über die Messung der Sauerstoffsättigung auf den Grad der neuronalen Aktivität in den Hirnregionen geschlossen • in den Neurowissenschaften zentral bedeutsam, um Aufschluss über die Funktionsweise des Gehirns zu gewinnen, trotz vergleichsweise geringer zeitlicher und räumlicher Auflösung

3 Für die Taxizulassung in London muss der Nachweis erbracht werden, dass man sich nachweislich 25.000 Straßen und 20.000 Sehenswürdigkeiten merken kann - Kandidaten lernen durchschnittlich drei bis vier Jahre für die Prüfung.

Methode	Beschreibung
PET (Positronen-Emissions-Tomographie)	• schwach radioaktive Glukose (in unbedenklicher Dosis) wird in die Blutlaufbahn gespritzt • die Ausbreitung der neuronalen Aktivität im Gehirn kann in hoher zeitlicher und räumlicher Auflösung nachverfolgt werden, während der Proband eine bestimmte Aufgabe bearbeitet
NIRS (Nahinfrarot-Spektroskopie)	• in der Medizin und den Neurowissenschaften zu Diagnose- und Forschungszwecken eingesetzt • Infrarotlicht durchdringt die Schädeldecke und die äußeren Gewebeschichten der Großhirnrinde • in Anhängigkeit der neuronalen Aktivität ändert sich die Sauerstoffsättigung, als Änderung des Blutfarbstoffs Hämoglobin messbar
EEG (Elektro-Encephalographie)	• durch Hirnaktivität erzeugte Hirnströme werden gemessen • an der gesamten Kopfoberfläche werden Elektroden angebracht, welche die Spannungsschwankungen aufzeichnen • Gesamtbild erzeugt ein Muster der Hirnaktivität in hoher zeitlicher Auflösung, die räumliche Auflösung liegt im Zentimeterbereich
MEG (Magnet-Encephalographie)	• durch Hirnaktivität erzeugte magnetische Veränderungen werden aufgezeichnet • sehr teuer, vornehmlich in Ergänzung zu fMRT und EEG eingesetzt • Vorteil ist die sehr hohe zeitliche und gute räumliche Auflösung

3-27: Bildgebende Verfahren im Überblick

Entsprechende Untersuchungen mithilfe von PET-Scans (s. etwa Habib et al., 2003) lassen unterschiedlich starke Aktivitätsmuster beim Enkodieren und beim Abruf von Gedächtnisinhalten in den beteiligten Hirnarealen erkennen, so zeigt sich eine überdurchschnittlich hohe Aktivität beim Enkodieren episodischer Informationen im linken präfortalen Cortex; für den Abruf derselbigen im rechten präfortalen Cortex. Es übernehmen also beide Hemisphären des Gehirns unterschiedliche Aufgaben bei der Reizaufnahme und -verarbeitung, für die Verarbeitung von Sprache und die Speicherung von Begriffen (verbal, digital, rational, sequenziell) ist etwa die linke Gehirnhälfte zuständig, für die Verarbeitung und Speicherung von Bildern (visuell, intuitiv, parallel, analog) hingegen die rechte Gehirnhälfte (s. Gerrig & Zimbardo, 2008). Ebenso haben sich inzwischen mittels des fMRT-Verfahrens erste Belege zur Lokalisierbarkeit der spezifischen Regionen des Hippocampus ergeben, die an Prozessen des Enkodierens und des Abrufs vor allem neuer Informationen beteiligt sind (Zeineh et al., 2003).

Obgleich viele Fragen hinsichtlich der Hirnreifung nach wie vor noch offen stehen (etwa die spezifischen Auswirkungen von Anlage- und Umweltfaktoren), ist die Forschung in diesem Bereich mittlerweile erheblich fortgeschritten (s. 3-28).

Ausgewählte empirische Befunde
• Mittels der fMRT-Technik lässt sich empirisch belegen, dass dem Hippocampus grundsätzlich eine zentrale Rolle für Prozesse im Rahmen der Informationsverarbeitung zukommt, u.a. resultiert aus einem Ausfall des Hippocampus eine anterograde Amnesie (u.a. Squire, Stark & Clark, 2004).
• Haaland, Harrington & Knight (2000) konnten mit Hilfe des MRT aufzeigen, dass bei Patienten mit ideomotorischer Apraxie (einer Störung motorischer Fertigkeiten) ganz spezielle Hirnschäden (des Gyrus frontalis medius und des Sulcus interparietalis) vorliegen.
• Buchel et al. (1998) nutzten die PET zur Demonstration, dass auch bei geburtsblinden Menschen der okzipitale (visuelle) Cortex beim Lesen (Blindenschrift) besonders aktiv ist. Aus diesen Befunden wird evident, dass cortikale Gehirnregionen plastisch sind, ein Bereich für Sehen kann sich demnach auch zur Verarbeitung anderer (taktiler) Sinnesmodalitäten reorganisieren.
• In bildgebenden Verfahren wurde die Amygdala (Mandelkern) als bedeutsame Hirnregion für die Emotionsempfindung identifiziert, in Verbindung damit ließ sich zeigen, dass die klassische Konditionierung einer Angstreaktion bei einem Ausfall der Amygdala nicht mehr möglich ist (u.a. Kandel, Schwarz & Jessell, 2000).

3-28: Ausgewählte psychologisch relevante empirische Befunde aus den Neurowissenschaften

3.4 Zur Bedeutsamkeit von Lernen und Entwicklung: Anmerkungen zur Anlage-Umwelt-Kontroverse

Wichtige Vertreter

Gilbert Gottlieb (1929-2006)
Robert Plomin (*1948)
David C. Rowe (1949-2003)
Sandra Scarr (*1936)

Literatur im Überblick

Asendorpf, J. (2008). Evolutionspsychologie und Genetik der Entwicklung. In R. Oerter & L. Montada (Hrsg.), Entwicklungspsychologie (6. Aufl., S. 49-66). Weinheim: Beltz.

Fuhrer, U. (2005). Wechselspiel von Anlage und Umwelt. In U. Fuhrer (Hrsg.), Erziehungspsychologie (S. 66-76). Bern: Huber.

Lohaus, A., Vierhaus, M. & Maass, A. (2010). Entwicklungspsychologie des Kindes- und Jugendalters (Kapitel 4, S. 52-69). Berlin/Heidelberg: Springer.

Neyer, F.-J., & Spinath, F.M. (2008). Anlage und Umwelt: Neue Perspektiven der Verhaltensgenetik und Evolutionspsychologie. Der Mensch als soziales und personales Wesen: Bd. 22. Stuttgart: Lucius & Lucius.

Plomin, R., DeFries, J.C., MacClearn, G.E., Rutter, M., & Borkenau, P. (1999). Gene, Umwelt und Verhalten: Einführung in die Verhaltensgenetik (1. Aufl. der dt. Ausg.). Bern: Huber.

Rowe, D.C. (1997). Genetik und Sozialisation: die Grenzen der Erziehung. Weinheim: Beltz.

Wink, M. & Bartram, C. (2001). Vererbung und Milieu. Berlin: Springer.

Insbesondere seitens der entwicklungspsychologischen Forschung wird seit vielen Jahren versucht, den Stellenwert von genetischen Faktoren auf der einen und Umweltfaktoren auf der anderen Seite für das menschliche Verhalten abzuschätzen. Dies geschieht vor allem mit Blick auf die Frage des Zustandekommens von intellektuellen Leistungen.

Wenn von einer Anlage-Umwelt-Kontroverse gesprochen wird, so umfasst der Begriff der Anlage alle genetischen Einflüsse, die auf den Menschen einwirken; hierzu gehören neben den Genen auch die physiologischen und neurologischen Faktoren. Der Begriff der Umwelt schließt hingegen sämtliche materiellen und sozialen Einflüsse ein, die Einfluss auf das Individuum nehmen; dieses sind u.a. relevante Bezugspersonen, gesellschaftliche Gruppen, kulturelle Faktoren, Medienwirkungen.

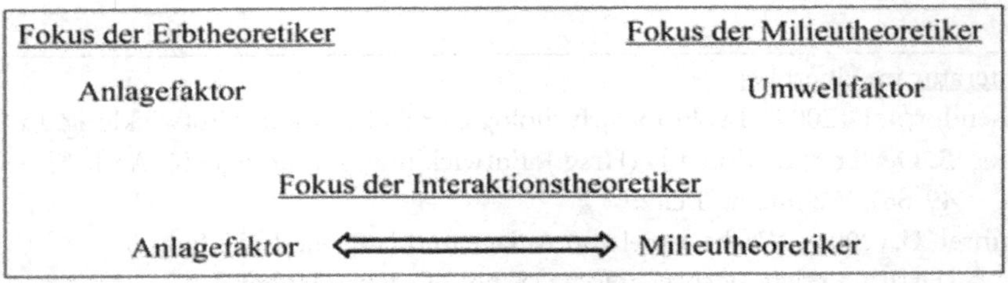

3-29: Theoretische Strömungen der Anlage-Umwelt-Kontroverse

Forschungshistorisch lässt sich diese Kontroverse an verschiedenen theoretischen Strömungen ausmachen (s. 3-29): Die Erbtheoretiker haben vor allem genetische Faktoren für das Verhalten des Menschen verantwortlich gemacht. Sie betrachteten die menschliche Entwicklung als eine erbfixierte Abfolge von reifebedingten Prozessen, wonach also nicht nur körperliche, sondern auch geistige und charakterliche Eigenschaften primär von der genetischen Ausstattung abhängig sind. Umwelteinflüssen wird demzufolge nur eine vergleichsweise geringe Bedeutung zugestanden. Im Gegensatz zu dieser Strömung ließen die Milieutheoretiker einen Erbdeterminismus lediglich für die Entwicklung körperlicher Merkmale gelten - und auch hier nur in beschränktem Maße. Sie gingen vielmehr davon aus, dass sich die Einflüsse der unterschiedlichen Milieus (also hinsichtlich kultureller und gesellschaftlicher Rahmenbedingungen, familiärer, schulischer und beruflicher Erfahrungen, Ernährungsbedingungen und medizinischer Versorgung usw.) auf die Entwicklung der psychischen Komponenten entsprechend verschieden günstig auswirken. Interaktionstheoretisch wird allerdings mittlerweile die komplexe Wechselwirkung aller am Entwicklungsgeschehen beteiligten Faktoren in Rechnung gestellt, womit die einseitigen Standpunkte von Erb- und Milieutheoretikern miteinander verbunden werden: Der Mensch ist weder ein bloßes Produkt seiner angeborenen Eigenschaften, noch ist er ausschließlich abhängig von den äußeren Einwirkungen, sondern sein Verhalten ist stets das Ergebnis der wechselseitigen Beeinflussung von Reifungs- und Lernprozessen.

Hinsichtlich der Frage, wie Unterschiede in der genetischen Ausstattung und in der Entwicklungsumwelt erfasst werden können, um entsprechende Einflüsse bei der Herausbildung von Fähigkeits- und Persönlichkeitsmerkmalen herauszufinden, sind für die Untersuchung der menschlichen Intelligenzentwicklung forschungsmethodisch vor allem Zwillings- und Adoptionsstudien prominent. In der Zwillingsforschung wird die Ähnlichkeit von eineiigen (EZ) und zweieiigen (ZZ) Zwillingen verglichen, wobei EZ-Paare zu 100% und ZZ-Paare zu 50% identisches Genmaterial besitzen. Die Umweltfaktoren von EZ- und ZZ-Paaren sind dann weitgehend identisch, wenn diese gemeinsam aufwachsen. Aufgrund der geringen Anzahl der Fälle gilt diese Methode allerdings als nicht repräsentativ für die Gesamtbevölkerung. Bei adoptierten Kindern liegt bekanntlich keine genetische Übereinstimmung zu den Adoptivgeschwistern bzw. zu den Adoptiveltern vor, jedoch sind die Umwelten von Adoptivkindern und deren Adoptivgeschwistern weitgehend gleich, weshalb in diesbezüglichen Untersuchungen die Ähnlichkeit von Adoptivgeschwistern mit der Ähnlichkeit von leiblichen Geschwistern verglichen wird. In diesem Zusammenhang gilt es allerdings, den Begriff der gleichen Umwelt (soziale Schichtzugehörigkeit, Erziehungsstil der Eltern, Familienklima usw.) mit Vorsicht zu verwenden, da der Entwicklungskontext für Geschwister nicht gänzlich identisch ist und bspw. Eltern ihre Kinder eben nicht gleich behandeln. Auch deshalb gilt die Adoptionsmethode analog zur Zwillingsmethode als nicht repräsentatives Verfahren, obschon der Einsatz beider Methoden nach wie vor wichtige Forschungsimpulse leistet (s. Lohaus, Vierhaus & Maas, 2010). Die Auswirkungen von Anlage- und Umwelteinflüssen werden in verschiedenen Variationen untersucht (s. 3-30).

	EZ getrennt aufwachsend	**EZ zusammen aufwachsend**	**ZZ getrennt aufwachsend**	**ZZ zusammen aufwachsend**
genetische Ausstattung	100%	100%	50%	50%
Umwelteinfluss	---	100%	---	100%

3-30: Forschungsdesign von Zwillingsstudien zu Anlage- und Umwelteinflüssen

Diesbezügliche Forschungsergebnisse sind nicht allein auf den Bereich der Intelligenz beschränkt, es existieren ebenso empirische Hinweise zur Erblichkeit einer ganzen Reihe von Temperaments- und Persönlichkeitsunterschieden (s. Asendorpf, 2007). Im Kontext der Lernpsychologie interessieren jedoch insbes. Arbeiten, die sich mit dem Einfluss von Erbanlagen und Entwicklungsumwelt auf die Intelligenzentwicklung beschäftigen. Insgesamt bestätigen die vorliegenden Befunde interaktionstheoretische Überlegungen, obgleich gerade in Bezug auf die Intelligenzentwicklung von einem nicht unwesentlichen genetischen Einfluss ausgegangen werden muss. So weisen EZ-Paare, die gemeinsam aufgewachsen sind, die vergleichsweise höchste Ähnlichkeit in der Intelligenzentwicklung auf. Gemeinsam aufgewachsene Kinder, die aber nicht miteinander verwandt sind und damit über keinerlei genetische Ähnlichkeit verfügen, zeigen auch keinerlei Ähnlichkeit zueinander mit Blick auf die Intelligenzentwicklung. Zudem ergibt sich für getrennt aufgewachsene EZ-Paare eine höhere Ähnlichkeit in der Intelligenzentwicklung als für ZZ-Paare und andere Geschwister, die gemeinsam aufgewachsen sind (s. Lohaus, Vierhaus & Maas, 2010). Auch getrennt aufwachsende Geschwister weisen eine starke Ähnlichkeit in Bezug auf ihren IQ auf, während nicht verwandte Paarlinge, die unter gleichen Umweltbedingungen aufgewachsen sind (bspw. in einer Adoptivfamilie), keine Ähnlichkeit zeigen.

Für die Forschung ist nun der selten auftretende Fall besonders interessant, wenn nämlich EZ getrennt voneinander aufwachsen, da diese zwar über die gleichen Anlagen verfügen, jedoch von unterschiedlichen Umweltfaktoren beeinflusst werden. Gerade aber wegen der geringen Anzahl solcher Fälle sind die vorliegenden Ergebnisse hierzu nicht auf die Gesamtbevölkerung übertragbar. Hinzu kommt, dass bestimmte Umwelteinflüsse (etwa das Aufwachsen in ähnlichen Familien) nicht gänzlich auszuschließen ist (u.a. Joseph, 2001; s. 3-31), die vorliegende Befundlage hierzu ist entsprechend schwach.

Ausgewählte empirische Befunde von Zwillings- und Adoptionsstudien am Forschungsbeispiel der Intelligenz	
	gemeinsame Varianz r
eineiige Zwillinge, gemeinsam aufgewachsen	0.86
eineiige Zwillinge, getrennt aufgewachsen	0.75
zweieiige Zwillinge, gemeinsam aufgewachsen	0.39
zweieiige Zwillinge, getrennt aufgewachsen	0.35
Geschwister, gemeinsam aufgewachsen	0.54
Geschwister, getrennt aufgewachsen	0.47
unverwandte Personen, gemeinsam aufgewachsen	-0.02
Anmerkung: r = Korrelation für den Zusammenhang zwischen den Intelligenzquotienten	

3-31: Korrelationen der Intelligenzquotienten von Zwillingspaaren (Daten aus Bouchard et al., 1994)

Dass sich gemeinsam aufwachsende EZ-Paare hinsichtlich der Intelligenzentwicklung ähnlicher sind als bspw. ZZ-Paare, könnte allerdings auch durch den Einfluss bestimmter Umweltkonstellationen (mit-)bedingt sein, die sich eben für die EZ-Paare meist besonders ähnlich darstellen. So sind EZ-Paare häufig in ihrer äußeren Erscheinung schwieriger zu unterscheiden, weshalb sie vermutlich oftmals auch ähnlicher behandelt und beurteilt werden als ZZ-Paare - einzelne Studien konnten auch eine vergleichsweise homogene Struktur der nicht geteilten Umwelteinflüsse (Freunde, Lehrer, Hobbys usw.) bei den EZ-Paaren belegen, so haben diese bspw. häufiger die gleichen Freunde und teilen die gleichen Interessen (s. bereits von Bracken, 1959). Bei Adoptionsstudien können überzufällige Korrelationen zwischen biologischen Eltern und den adoptierten Kindern ebenfalls durch Umweltbedingungen verursacht sein, etwa durch die differenzielle Auswahl oder selektive Platzierung bei Adoptionen (Oerter & Montada, 2008): Kinder, deren Intelligenz als höher eingeschätzt wird, werden häufiger in gebildetere resp. bildungsfördernde Adoptivfamilien vermittelt (u.a. Stoolmiller, 1999).

Insgesamt sprechen Zwillings- und Adoptionsstudien den Anlagen in Relation zu den Entwicklungsumwelten einen größeren Einfluss auf die Intelligenzentwicklung zu (s. 3-31); lange Zeit wurde angenommen, dass der genetische Einfluss im Verlauf der Entwicklung keine stabile Größe darstellt, sondern von durchschnittlich 20% in der frühen Kindheit über 40% in der Kindheit auf 60% in der Adoleszenz wächst, womit 40% für den Einfluss von Umweltfaktoren verbleiben.

Solche additionstheoretischen Ansätze, nach denen physische und psychische Merkmale durch Anlage und Umwelt gemeinsam geprägt werden, diese aber eindeutig voneinander zu trennen sind, gelten mittlerweile als überholt (u.a. Trautner, 1995). In welchem Ausmaß der Genotyp eines Individuums (individuelle genetische Ausstattung, lebenslang unverändert) bspw. in seiner intellektuellen Entwicklung zum Ausdruck kommt, ist von vielen Umweltfaktoren abhängig - aus einem bestimmten Genotyp lässt sich also kein exakt definierbarer Phänotyp (individuelles Erscheinungsbild, individuelle Verhaltensweisen und Persönlichkeitsmerkmale, lebenslangen Veränderungen unterworfen) ableiten, sondern es liegt eine phänotypische Bandbreite vor, die von genetischen und Umwelteinflüssen abhängig ist (s. Petermann, Niebank & Scheithauer, 2004). Genotyp und Umwelt können folglich nicht unabhängig voneinander wirksam sein, sie sind stets miteinander verwoben. Einen Schritt in diese Forschungsrichtung unternehmen Plomin, DeFries & Loehlin (1977, 2001) mit der Annahme einer Gen-Umwelt-Korrelation, die auf genetischen Unterschieden im Umgang mit der Umwelt beruht (s. 3-32).

Drei Formen der Genotyp-Umwelt-Beziehungen	**Beschreibung**
passiv	• Genotyp eines Individuums ergibt sich aus einer Kombination der Genotypen von dessen Erzeugern
evoziert	• Individuum erhält von anderen Personen Reaktionen auf seine genetischen Tendenzen
aktiv	• Individuum wählt, variiert, erfindet seine Umwelt nach seinen genetischen Tendenzen selbst

3-32: Formen der Genotyp-Umwelt-Beziehungen (n. Plomin, DeFries & Loehlin, 1977)

Aus dieser Perspektive wirken sich die Anlagen der Eltern auf die Anlagen ihres Kindes und die Umwelt aus, die sie ihm schaffen. Die Anlagen des Kindes und die Umwelt tragen dann gemeinsam zur Entwicklung seines Verhaltens bei. Das Verhalten des Kindes (Phänotyp) formt wiederum seinerseits die Entwicklungsumwelt (Scarr & McCartney, 1983). Die Entfaltung der Anlage ist also nicht ohne Umwelt denkbar, bspw. führt ein neu entdecktes Brustkrebsgen nicht automatisch zu dem Krankheitsbild Brustkrebs.

Insgesamt gilt es also, nicht mehr (wie etwa bei der Intelligenzentwicklung) nach den prozentualen Anteilen von Genen und Umwelt zu fragen, sondern vielmehr Art und Ausmaß der Beziehungsstärke zwischen Genotyp und Phänotyp sowie unterschiedliche Mechanismen dieses Zusammenwirkens in den Blick zu nehmen (s. bereits Anastasi, 1984; Petermann, Niebank & Scheithauer, 2004). Diesbezüglich gehen die Forschungsmeinungen allerdings nach wie vor stark auseinander: Einerseits wird in vielen wissenschaftlichen Arbeiten immer noch ein unidirektionales Modell mit Blick auf die Wirkung von Genen präferiert, wonach also die genetische Aktivität letztlich das Verhalten des Individuums beeinflusst und der Entwicklungsverlauf somit durch das jeweilige Gen vorherbestimmt ist (ebd.). Diese Ansicht beruht auf der Annahme, dass die durch Gene bedingten neuronalen Voraussetzungen eines Menschen dessen Neigungen und Verhaltensweisen bestimmen, letztlich also kein freier Wille existiert. Begründet wird dies durch neuere neurowissenschaftliche Befunde, die gerade auch zur Erklärung besonderer Fälle von psychischen Veränderungen beitragen, wie etwa im Fall eines 40jährigen Mannes, der sich vom treu sorgenden Familienvater in einen Pädophilen verwandelte. Nachdem eine medikamentöse Behandlung, die seine Triebhaftigkeit unterdrücken sollte, keinen Erfolg zeigte, führten heftige Kopfschmerzen eines Tages dazu, dass ihn die Ärzte mittels eines Magnet-Resonanz-Tomographen untersuchten. Sie entdeckten einen Tumor, der sich vom Stirnhirn bis zum Scheitel ausbreitete. Nach seiner Operation war sein krankhaftes Begehren nach Minderjährigen verschwunden.

Eine solche prädeterministische Auffassung von Entwicklung wird häufig auch als Argumentationsgrundlage hinsichtlich gesellschaftlich sehr kontrovers diskutierter Themen genutzt. So kritisieren Neurowissenschaftler bspw. am derzeitigen Strafrecht die Annahme, dass Täter sich bewusst zur Ausübung abweichender Verhaltensweisen entscheiden, da diesbezügliche empirische Befunde nahe legen, dass Entscheidungen vorbewusst in neuronalen Prozessen gefällt werden. Allerdings werden Straftaten selten „spontan“ ausgeführt, ihnen geht meist ein langer Zeitraum der Planung und Vorbereitung voraus (s. Petermann, Niebank & Scheithauer, 2004). Hinzu kommt, dass Gene nicht direkt auf die Entwicklung wirken: Durch ihren Einfluss auf die Entstehung der Proteine, die bspw. für den Aufbau des Nervensystems relevant sind, sind sie zwar an der neuronalen Entwicklung beteiligt, aber nicht nur sie stehen dabei in ständiger Wechselwirkung miteinander, sondern ebenso ihre Produkte (ebd.). Die genetischen Wirkungen beeinflussen also die neuronalen Aktivitäten als Grundlage des Erlebens und Verhaltens, aber auch umgekehrt können Umweltbedingungen fördernd, behindernd oder kompensierend auf das Verhalten des Individuums wirken und auf diese Weise die neuronale und genetische Aktivität wiederum beeinflussen (Gottlieb, 1991). Die Entwicklung verläuft demnach nicht nur in eine Richtung, sie ist durch die wechselseitige Beeinflussung aller beteiligten Komponenten in einem umfassenden Wirkungsnetzwerk gekennzeichnet (ebd.). Das bedeutet auch, dass die Hirnplastizität in hohem Maße von der Lebenserfahrung abhängt, also jedes Gehirn veränderbar ist. Von daher ist auch das Genom nicht - wie oftmals postuliert - als ein Programm zu verstehen, welches den Entwicklungsverlauf von vornherein steuert, es ist vielmehr mit einem Text vergleichbar, der zwar insgesamt begrenzt ist, jedoch nicht festlegt, welche Teile überhaupt oder zu welchem Zeitpunkt (ab-)gelesen werden können (Asendorpf, 2007).

Die Anlage-Umwelt-Beziehung muss also als ein komplexes, dynamisches und bidirektionales Geschehen begriffen werden. In einer biopsychosozialen Perspektive sind Einflüsse und Rückkopplungsprozesse auf genetischer und zellulärer Ebene ebenso zu beachten wie neurologische und biologische Faktoren oder Aspekte der Entwicklungsumwelt (s. Susman et al., 1998; s.a. 3-33).

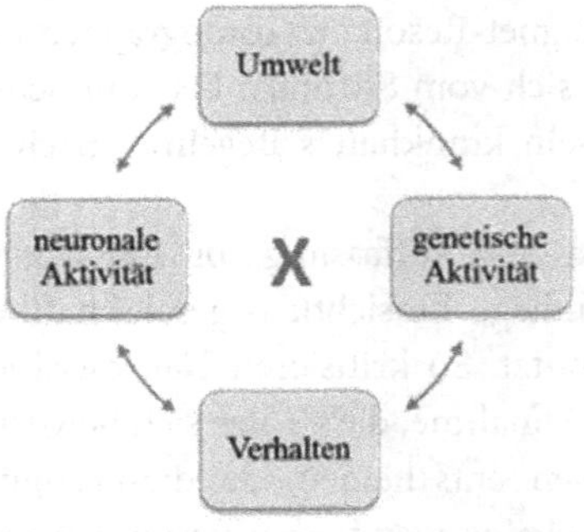

3-33: Multiplikatives Modell von Anlage-Umwelt-Wirkungen im Rahmen der Persönlichkeitsentwicklung (mod. n. Gottlieb, 1998)

<u>Definition</u>

„Entwicklung beruht nicht auf einem genetischen Programm, sondern auf der ständigen Wechselwirkung zwischen Genaktivität, neuronaler Aktivität, Verhalten und Umwelt" (Oerter & Montada, 2008, S. 58).

Zusammenfassend lässt sich dementsprechend konstatieren, dass die Entwicklung des Menschen im Sinne eines multiplikativen Modells nur aus dem wechselseitigen Wirken von Anlage- und Umweltfaktoren erklärbar wird, Entwicklung kann nicht ohne den einen oder den anderen Faktor stattfinden. Je nachdem, um welchen Aspekt der Persönlichkeit es sich handelt, sind darüber hinaus unterschiedliche Einflussstärken beider Komponenten gegeben.

3.5 Übungsaufgaben zur Selbstkontrolle

Bei jeder Aufgabe können eine, zwei, drei oder auch alle vier angegebenen Antwortmöglichkeiten zutreffen. Bei einigen Fragen werden Sie bewusst in der jeweils angegebenen Literatur recherchieren müssen, um zu vollständig richtigen Antworten zu gelangen.

Lernpsychologie: Gegenstandsbereich

3.1 Lernen beinhaltet unter anderem die …

- ☐ … Aneignung von Informationen.
- ☐ … Modifikation von Informationen.
- ☐ … Veränderung des sichtbaren Verhaltens.
- ☐ … Veränderung eigener Einstellungen.

3.2 Unter Lernen versteht man …

- ☐ … eine langfristige sichtbare Verhaltensänderung.
- ☐ … eine kurzfristige sichtbare Verhaltensänderung.
- ☐ … einen Zuwachs an Informationen/Wissen.
- ☐ … eine relativ dauerhafte Änderung des Verhaltensrepertoires.

3.3 Wer begründete den Behaviorismus?

- ☐ John Watson
- ☐ Burrhus F. Skinner
- ☐ Ivan Pawlow
- ☐ Sigmund Freud

3.4 Welche der folgenden Lernprozesse stehen stellvertretend für die vier großen Lerntheorien?

- ☐ Tom beobachtet, dass Christian durch wiederholtes Melden bessere mündliche Noten bekommt und nimmt fortan aktiver am Unterricht teil.
- ☐ Klaus weiß viel mehr über Geschichte, seitdem er in die 11. Klasse gekommen ist.
- ☐ Peter merkt, dass er sich nach Einnahme von Ritalin besser konzentrieren kann.
- ☐ Claudia cremt sich regelmäßig mit Sonnencreme ein, nachdem sie einmal einen starken Sonnenbrand bekommen hat.

3.5 Dem Behaviorismus zufolge kann menschliches Verhalten beobachtet werden anhand von …

- ☐ … Reizen und Reaktionen.
- ☐ … Emotionen und Kognitionen.
- ☐ … Kognitionen und Konsequenzen.
- ☐ …Emotionen und Konsequenzen.

3.6 Vor Versuchsbeginn ist ein Glockenton für Pawlows Hund in Bezug auf die Speichelabsonderung ein …

- ☐ … bekannter Reiz.
- ☐ … unkonditionierter Reiz.
- ☐ … konditionierter Reiz.
- ☐ … neutraler Reiz.

3.7 Welche der folgenden Aussagen zur Klassischen Konditionierung sind korrekt?

- ☐ Stimuli, die angeborenes Reflexverhalten hervorrufen, bezeichnet man als unkonditionierte Stimuli, da sie geeignet sind, eine unkonditionierte Reaktion auszulösen.
- ☐ Neutrale Stimuli haben ursprünglich eine hohe Relevanz mit Blick auf die Verbindung von UCS (unkonditionierte Stimuli) und UCR (unkonditionierte Reaktion).
- ☐ Der neutrale Reiz kann vor der Konditionierung keine unkonditionierte Reaktion (UCR) auslösen.
- ☐ Das Verhalten auf unkonditionierte Stimuli (UCS) bezeichnet man als unkonditionierte Reaktion (UCR).

3.8 Die klassische Konditionierung ist eine Form des Lernens, …

- ☐ … die auf den Prinzipien der Belohnung und Bestrafung basiert.
- ☐ … bei welcher der Organismus eine neue Assoziation zwischen zwei Reizen lernt.
- ☐ … bei der es sich um Reiz-Reaktions-Koppelungen handelt, die vom Organismus im Laufe des Sozialisationsprozesses erlernt werden.
- ☐ … bei der Reiz-Reaktions-Koppelungen die Grundlage bilden, die nicht vom Organismus gelernt werden, sondern bereits angelegt sind.

3.9 Wird ein konditionierter Reiz nicht länger mit dem unkonditionierten Reiz dargeboten, so wird die konditionierte Reaktion mit der Zeit schwächer, bis sie schließlich ganz ausbleibt. Diesen Prozess nennt man …

- ☐ … Destabilisierung.
- ☐ … Löschung.
- ☐ … Rückwirkung.
- ☐ … Reizdiskrimination.

3.10 Die klassische Konditionierung wird oftmals am Beispiel eines Experiments von …

- ❐ … Wygotsky verdeutlicht.
- ❐ … Skinner verdeutlicht.
- ❐ … Bandura verdeutlicht.
- ❐ … Pawlow verdeutlicht.

3.11 Im Erwerbsstadium des klassischen Konditionierens wird ein …

- ❐ … neutraler Reiz, der später die Reaktion auslösen soll, wiederholt mit einem unkonditionierten Reiz gepaart.
- ❐ … neutraler Reiz, der später die Reaktion auslösen soll, wiederholt mit einem konditionierten Reiz gepaart.
- ❐ … konditionierter Reiz, der später die Reaktion auslösen soll, wiederholt mit einem konditionierten Reiz gepaart.
- ❐ … unkonditionierter Reiz, der später die Reaktion auslösen soll, wiederholt mit einem konditionierten Reiz gepaart.

3.12 Um die konditionierte Reaktion aufrecht zu erhalten, ist es …

- ❐ … nicht notwendig, den unkonditionierten Reiz gelegentlich darzubieten.
- ❐ … notwendig, den unkonditionierten Reiz gelegentlich darzubieten.
- ❐ … notwendig, einen neutralen Reiz darzubieten.
- ❐ … notwendig, eine Verstärkung darzubieten.

3.13 Beim klassischen Konditionieren …

- ☐ … können angeborene Reize als unkonditionierte Reize fungieren.
- ☐ … ist in der Regel die mehrfache Darbietung eines neutralen mit einem unkonditionierten Reiz nötig, damit der ursprünglich neutrale Reiz die konditionierte Reaktion hervorruft.
- ☐ … kann es zum Phänomen der Reizgeneralisierung kommen.
- ☐ … lassen sich hierdurch erworbene Angstreaktionen nicht mehr erfolgreich therapieren.

3.14 Die konditionierte Reaktion bleibt in der Regel stabil, wenn der konditionierte Reiz längerfristig nicht mehr zusammen mit dem unkonditionierten Reiz dargeboten wird. Diese Aussage …

- ☐ … trifft zu.
- ☐ … trifft nicht zu.

3.15 Welche Aussagen zur Reizgeneralisierung sind korrekt?

- ☐ Reizgeneralisierung ist die automatische Erweiterung konditionierten Verhaltens auf ähnliche Stimuli.
- ☐ Ähnliche Stimuli wurden ebenfalls mit dem unkonditionierten Stimulus gepaart.
- ☐ Reizgeneralisierung ist die erlernte Erweiterung konditionierten Verhaltens auf ähnliche Stimuli.
- ☐ Je höher die Ähnlichkeit zwischen dem neuem und konditionierten Reiz, desto wahrscheinlicher ist die generalisierte Reaktion.

3.16 Welche Aussagen zur Reizdifferenzierung sind korrekt?

- ❐ Reizdifferenzierung wird auch Reizdiskrimination genannt.
- ❐ Reizdifferenzierung bezeichnet die Fähigkeit, Unterschiede zwischen Reizen wahrzunehmen und darauf entsprechend zu reagieren.
- ❐ Konditioniertes Verhalten differenziert in hohem Maße zwischen ähnlichen Stimuli.
- ❐ Reizdifferenzierung wird umso wahrscheinlicher, je bedeutsamer die Verhaltenskonsequenzen sind.

Operantes Konditionieren

3.17 Ein Lob ist im Sinne des operanten Konditionierens ein …

- ❐ … primärer Verstärker.
- ❐ … generalisierter Verstärker.
- ❐ … materieller Verstärker.
- ❐ … sekundärer Verstärker.

3.18 Positive Verstärkung beim operanten Konditionieren ist dann vorhanden, wenn …

- ❐ … ein Schüler den Unterricht stört und die Klasse darauf verärgert reagiert.
- ❐ … ein Schüler den Unterricht stört und die Klasse darauf erheitert reagiert.
- ❐ … ein Schüler den Unterricht stört und die Klasse darauf gar nicht reagiert.
- ❐ … ein Schüler den Unterricht stört und die gesamte Klasse daraufhin nachsitzen muss.

3.19 Wie müssen Verstärker im Rahmen der operanten Konditionierung beschaffen sein, damit sie wirken?

- ☐ Verstärker als unabhängige Konsequenz einer Reaktion
- ☐ Verstärker als unmittelbare Konsequenz einer Reaktion
- ☐ Verstärker in Form instabiler Konsequenz
- ☐ Verstärker in Form einer konditionierten Reaktion

3.20 Können Sie sich vorstellen, wie Skinner die Aufgabe lösen würde, einer Taube beizubringen, sich im Uhrzeigersinn um sich selbst zu drehen?

- ☐ Er würde jede, auch die kleinste Reaktion der Taube in Richtung des gewünschten Endverhaltens durch Futter verstärken (zum Beispiel Anheben des Fußes, Drehen des Kopfes nach rechts).
- ☐ Er würde abwarten, bis die Taube zufällig einmal eine solche Pirouette dreht, und ihr dann einen besonders wirksamen Verstärker verabreichen.
- ☐ Er würde die Taube „anleiten“, sie zum Beispiel mit der Hand so oft in der gewünschten Richtung drehen, bis sie die Drehung allein ausführen kann.
- ☐ Er würde jede, auch die kleinste Reaktion der Taube in Richtung des gewünschten Endverhaltens zunächst ignorieren, bis die Taube still sitzt und ihr dann das Futter über dem Kopf kreisen lassen, um sie sich in der gewünschten Richtung drehen zu lassen.

3.21 Wenn einem Kind bei unerwünschtem Verhalten Fernsehverbot erteilt wird, dann handelt es sich um …

- ☐ … positive Verstärkung.
- ☐ … indirekte Bestrafung.
- ☐ … direkte Bestrafung.
- ☐ … negative Verstärkung.

3.22 Von zentraler Bedeutung im Rahmen operanten Konditionierens ist …

- ☐ … die Festlegung der psychomoralischen Verstärker.
- ☐ … die Konsequenz, die auf ein Verhalten folgt.
- ☐ … die Ermittlung von Kognitionen der Lernenden.
- ☐ … die Verarbeitungsgeschwindigkeit des Langzeitgedächtnisses.

3.23 Welche Gemeinsamkeiten zwischen den Theorien des operanten Konditionieren und des klassischen Konditionieren gibt es?

- ☐ Beide gründen ihre ersten Erkenntnisse auf Tierexperimente.
- ☐ Beide berücksichtigen das Black-Box-Prinzip.
- ☐ Beide sehen Konsequenzen als zentrale verhaltenssteuernde Elemente.
- ☐ Beide negieren die Möglichkeit der Verhaltensbeobachtung.

3.24 Skinner fand heraus, dass die Konditionierung dann am wirksamsten ist, wenn die …

- ☐ … Verstärkung unmittelbar auf die gewünschte Reaktion erfolgt.
- ☐ … unerwünschte Reaktion sofort bestraft wird.
- ☐ … Verstärkung der zu lernenden Reaktion wiederholt erfolgt.
- ☐ … Verstärkung nach mehreren Wiederholungen situationsunabhängig erfolgt.

3.25 Negative Verstärkung …

- ❐ … erhöht die Auftretenswahrscheinlichkeit einer Reaktion.
- ❐ … führt zu einer kontinuierlichen Verhaltenspersistenz.
- ❐ … senkt die Auftretenswahrscheinlichkeit einer Reaktion.
- ❐ … führt häufig zu einer Entwicklungsblockierung.

3.26 Verhaltensbeobachtungen und -modifikationen basieren insbesondere auf der Lerntheorie …

- ❐ … des klassischen Konditionierens.
- ❐ … des operanten Konditionierens.
- ❐ … der Gestaltpsychologie.
- ❐ … der kognitiven Wende.

3.27 Bei einer Verhaltensanalyse beachtet der Therapeut/Pädagoge insbesondere die ein …

- ❐ … Verhalten auslösenden Bedingungen.
- ❐ … Verhalten aufrechterhaltenden Bedingungen.
- ❐ … Verhalten beendenden Bedingungen.
- ❐ … Verhalten begleitenden Bedingungen.

3.28 Dem Paradigma der operanten Konditionierung lassen sich folgende drei Bestandteile zuordnen:

- ❐ Verhaltensinkontinenzen, Verstärker und diskriminative Reize
- ❐ Verhaltenskonkordanzen, Verstärker und diskriminative Reize
- ❐ Verhaltenskontingenzen, Verstärker und diskriminative Reize
- ❐ Verhaltensinkontingenzen, Verstärker und diskriminative Reize

3.29 Welche der unten genannten Schritte stellen wesentliche Grundlagen der operanten Verhaltensänderung dar?

- ☐ Festlegung der psychomoralischen Verstärker
- ☐ Erstellung eines funktionalen Bedingungsmodells von Verhalten und Verstärkung
- ☐ Präzisierung der konkreten Halbwertszeit
- ☐ Erhebung der Reaktionsrate unter den neuen Bedingungen

3.30 Was versteht man im Sinne der operanten Konditionierung unter Shaping?

- ☐ Shaping hat das Lernen komplexer Verhaltenssequenzen zum Ziel.
- ☐ Shaping folgt dem gleichen Prinzip wie Chaining.
- ☐ Shaping unterstützt das Beobachtungslernen.
- ☐ Shaping verstärkt die dem gewünschten Zielverhalten auch nur annähernd entsprechenden Verhaltensweisen.

3.31 Erwünschte Verhaltensweisen können aufgebaut werden durch …

- ☐ … Shaping eines spezifischen Verhaltens.
- ☐ … verbale Hilfestellungen.
- ☐ … randomisierte Verstärkerpläne.
- ☐ … die Beseitigung der Bedingungen, die unerwünschte Verhaltensweisen aufrechterhalten.

3.32 Welche Form von Verstärkung ist für den Aufbau von gewünschtem Verhalten am wirkungsvollsten?

- [ ] Wenn die Verstärkung unmittelbar auf die Reaktion folgt und die Verstärkung wiederholt gegeben wird.
- [ ] Wenn die Verstärkung einmalig stattfindet.
- [ ] Wenn die Verstärkung deutlich zeitversetzt zum gewünschten Verhalten erfolgt und wiederholt gegeben wird.
- [ ] Wenn die Verstärkung in unregelmäßigen Abständen gegeben wird.

3.33 Welche Prozesse der operanten Konditionierung werden angewandt, um unerwünschte Verhaltensweisen abzubauen?

- [ ] Löschung
- [ ] Time-Out
- [ ] Prompting
- [ ] Bestrafung

3.34 Geld ist im Sinne des operanten Konditionierens ein …

- [ ] … tertiärer Verstärker.
- [ ] … sekundärer Verstärker.
- [ ] … materieller Verstärker.
- [ ] … Handlungsverstärker.

3.35 Welche Aussagen in Bezug auf Bestrafung sind korrekt?

- ❒ Bestrafung steigert die Auftretenswahrscheinlichkeit einer Reaktion, während negative Verstärkung diese senkt.
- ❒ Bestrafung senkt die Auftretenswahrscheinlichkeit einer Reaktion, während negative Verstärkung diese erhöht.
- ❒ Es gibt keinen Unterschied zwischen Bestrafung und negativer Verstärkung.
- ❒ Direkte Bestrafung (Typ I) nennt man das Darbieten eines unangenehmen Reizes, ein bestimmtes Verhaltens zu unterdrücken.

3.36 Welche der angegebenen Beispiele können als soziale Verstärker dienen?

- ❒ Lob
- ❒ Noten
- ❒ Lächeln
- ❒ Süßigkeiten

3.37 Eine Familie macht einen Ausflug in den Freizeitpark, auf den sich das jüngste Kind seit langem gefreut hat. Auf der Hinfahrt verhält sich dieses Kind derart ungezogen, dass die Eltern den Ausflug kurzfristig abbrechen und verärgert nach Hause fahren. Mit welcher Methode reagieren die Eltern auf das Verhalten ihres Kindes?

- ❒ negative Verstärkung
- ❒ positive Verstärkung
- ❒ direkte Bestrafung
- ❒ indirekte Bestrafung

3.38 Abgesehen von der operanten Konditionierung nach Skinner wird die Aneignung neuer Verhaltensmuster unter anderem erklärt durch …

- ☐ … die sozial-kognitive Lerntheorie.
- ☐ … den Labeling-Approach.
- ☐ … alternative behavioristische Ansätze.
- ☐ … den konstitutionspsychologischen Ansatz.

Sozial-kognitive Lerntheorie

3.39 Benennen Sie in der korrekten Reihenfolge die vier Phasen des Vier-Komponenten-Modells im Rahmen der sozial-kognitiven Lerntheorie:

- ____
- ____
- ____
- ____

3.40 Hemmende und enthemmende Effekte sind typische …

- ☐ … Lernprozesse im Rahmen des einsichtigen Lernens.
- ☐ … Reaktionen auf indirekte Bestrafung.
- ☐ … Prozesse im Zuge des sozial-kognitiven Lernens.
- ☐ … Effekte beim Assoziationslernen.

3.41 Welche Prozesse werden unter anderem in der sozial-kognitiven Lerntheorie von Bandura unterschieden?

- ☐ Aufmerksamkeitsprozesse
- ☐ Interferenzprozesse
- ☐ Kontingenzprozesse
- ☐ Motivationsprozesse

3.42 Benennen Sie wesentliche Modelleffekte der sozial-kognitiven Lerntheorie nach Bandura:

- ❐ Synergieeffekte
- ❐ Beobachtungslerneffekte
- ❐ hemmende und enthemmende Effekte
- ❐ Transformationseffekte
- ❐ Reaktionserleichterung
- ❐ Verhaltensansteckung
- ❐ Teilnahmeeffekte

3.43 Im „bobo-doll"-Experiment wird eine Reihe von Versuchsbedingungen variiert. Um wie viele Versuchsbedingungen handelt es sich insgesamt?

- ❐ zwei
- ❐ drei
- ❐ vier
- ❐ fünf

3.44 Die sozial-kognitive Lerntheorie übernimmt Annahmen des …

- ❐ … operanten Konditionierens.
- ❐ … klassischen Konditionierens.
- ❐ … Lernens durch Einsicht.
- ❐ … Behaviorismus.

3.45 Das „bobo-doll“-Experiment ist ein berühmtes Experiment zum …

- ❒ … klassischen Konditionieren.
- ❒ … operanten Konditionieren.
- ❒ … sozial-kognitiven Lernen.
- ❒ … einsichtigen Lernen.

3.46 Als Ergebnisse des „bobo-doll“-Experiments sind festzuhalten:

- ❒ Alle Kinder haben sich das beobachtete Verhalten unabhängig von den damit verbundenen Konsequenzen angeeignet.
- ❒ Die Bereitschaft zur (Verhaltens-)Performanz hing von den modellbezogenen Verstärkungsbedingungen ab.
- ❒ Nicht alle Kinder haben sich das beobachtete Verhalten unabhängig von den damit verbundenen Konsequenzen angeeignet.
- ❒ Alle Aussagen sind falsch.

Lernen durch Einsicht

3.47 Einsicht tritt eher dann auf, wenn die …

- ❒ … Person viel Lob erhält.
- ❒ … Person durch andere Personen in der Lösungsfindung unterstützt wird.
- ❒ … problematische Situation so arrangiert ist, dass alle notwendigen Aspekte zur Lösung der Beobachtung zugänglich sind.
- ❒ … Elemente der Situation kognitiv umstrukturiert werden und man auf die Lösung stößt.

3.48 Für das einsichtige Lernen sind Wahrnehmungsprinzipien von Bedeutung, weil sie …

- ☐ … bei der Strukturierung der Umwelt helfen.
- ☐ … Reiz-Reaktionsverbindungen, auf die wir automatisch reagieren, ergänzen.
- ☐ … Verstärkern, ähnlich wie beim operanten Konditionieren, entsprechen.
- ☐ … bei der Bildung einer „guten Gestalt" helfen.

3.49 Wodurch leistet die Gestaltpsychologie einen Beitrag zur Lernpsychologie?

- ☐ Durch die Analyse von Wahrnehmungsprozessen.
- ☐ Lernen setzt Wahrnehmungsprozesse voraus.
- ☐ Der von Gestaltpsychologen postulierte „Kontingenzprozess" fördert den Lerntransfer.
- ☐ Durch die fundamentale Trennung von Ausdrucks- und Eindruckspsychologie.

3.50 Das Gesetz der Nähe beschreibt das Prinzip, bei welchem …

- ☐ … Reize vorangegangene Reize fortführen und sie daher als zusammengehörig wahrgenommen werden.
- ☐ … sich Reize aus einer Vielzahl an optischen Hinweisen ableiten und zusammensetzen lassen.
- ☐ … sich Reize als gemäß einer quadratischen Form zusammenschließen lassen.
- ☐ … Reize, die nah beieinander stehen, als zusammengehörig wahrgenommen werden.

3.51 Folgende Aussagen zum Prinzip der Kontiguität sind korrekt:

- ❐ Voraussetzung für die Wirksamkeit des operanten Konditionierens sind Kontingenz und Kontiguität.
- ❐ Als Kontingenz wird die räumlich-zeitliche Summe von Reizen und Reaktionen bezeichnet, wodurch diese bei bestimmten Voraussetzungen miteinander verknüpft werden.
- ❐ Bei der Kontiguität als fundamentalem Prinzip des klassischen Konditionierens gibt es keine vollständige Wahrnehmung.
- ❐ Kontiguität bezeichnet die räumlich-zeitliche Nähe von Reizen und Reaktionen, wodurch diese bei bestimmten Voraussetzungen miteinander verknüpft werden.

3.52 Welche der folgenden Gesetze gehören zu den Gestaltgesetzen?

- ❐ Gesetz des Scheins
- ❐ Gesetz der Ähnlichkeit
- ❐ Gesetz der Nähe
- ❐ Gesetz des Versuchs und Irrtums

3.53 Köhlers Theorie zum Lernen durch Einsicht beruht auf …

- ❐ … seinen Untersuchungen mit Menschenaffen, Bananen, Kisten und Stöcken.
- ❐ … der Annahme, dass sich Lernen durch Einsicht im Gegensatz zum Lernen durch Versuch und Irrtum sukzessive einstellt.
- ❐ … seinen Untersuchungen mit Menschen, Schraubenziehern, Leitern und Kabeln.
- ❐ … der Annahme, dass sich Lernen durch Einsicht im Gegensatz zum Lernen durch Versuch und Irrtum plötzlich einstellt.

3.54 Lernen durch Einsicht findet statt mittels der …

- ❐ … kognitiven Umstrukturierung der Elemente der Problemsituation.
- ❐ … Methode „Versuch und Irrtum“.
- ❐ … Beobachtung von Modellen.
- ❐ … klassisch konditionierten Reiz-Reaktions-Verbindungen.

3.55 Lernen durch Einsicht ist eine Form des …

- ❐ … Beobachtungslernens.
- ❐ … klassisch-konditionierten Lernens.
- ❐ … kognitiven Lernens.
- ❐ … Lernens durch Versuch und Irrtum.

3.56 Welche Verhaltensweisen lassen Köhler auf das Vorhandensein des Lernens durch Einsicht in seinem Versuch schließen, in dem Affen eine am Baum hängende Banane erreichen sollen?

- ❐ Nach einer Phase des erfolglosen Versuchens ist zu beobachten, dass der Affe durch wiederholtes Springen von der Kiste versucht, die Banane zu erreichen.
- ❐ Nach einer Phase des erfolglosen Versuchens ist zu beobachten, dass der Affe erkennt, dass die Banane unerreichbar ist und die Versuche, sie zu erreichen, einstellt.
- ❐ Nach einer Phase des erfolglosen Versuchens ist zu beobachten, dass der Affe nicht mehr auf die Banane reagiert, sondern auf einen Apfel, der in nächster Nähe neben der Kiste liegt.
- ❐ Nach einer Phase des erfolglosen Versuchens ist zu beobachten, dass der Affe zwischen den Kisten und der Banane hin und her blickt, um die Kiste dann gezielt unter die Banane zu schieben, darauf zu klettern und so die Banane zu erreichen.

3.57 Lernen durch Einsicht bedeutet, …

- ❐ … modellhaft beobachtetes Verhalten auf eigene Problemsituationen anzuwenden.
- ❐ … durch Zufall auf die Lösung zu stoßen.
- ❐ … den problematischen Sachverhalt zu erkennen und zu verstehen.
- ❐ … eher spontan und intuitiv zu handeln.

3.58 Erlernte Hilflosigkeit ist ein wichtiges Modell zur Erklärung von …

- ❐ … Schizophrenie.
- ❐ … Depressionen.
- ❐ … menschlichem Verhalten in neuen, überfordernden Situationen.
- ❐ … menschlichem Verhalten in traumatischen Situationen.

3.59 Das Phänomen der erlernten Hilflosigkeit nach Seligman wird ausgelöst durch das Zusammenwirken von …

- ❐ … nicht kontrollierbaren Vorerfahrungen und der objektiven Bedingung von Kontrollierbarkeit.
- ❐ … Vorerfahrungen, angeblicher Zufallsabhängigkeit und internaler Kontrolle.
- ❐ … Vorerfahrungen und der Kontingenz zwischen Verhalten und Ereignis.
- ❐ … nicht kontrollierbaren Vorerfahrungen, angeblicher Zufallsabhängigkeit und externaler Kontrolle.

3.60 Erlernte Hilflosigkeit basiert auf …

- ❐ … den Gesetzmäßigkeiten sozial-kognitiver Lerntheorien.
- ❐ … der Erfahrung des Individuums, dass zwischen dem eigenen Verhalten und den resultierenden Konsequenzen kein Zusammenhang erlebt wird.
- ❐ … den Gesetzmäßigkeiten des einsichtigen Lernens.
- ❐ … der Erfahrung des Individuums, dass zwischen dem eigenen Verhalten und den resultierenden Konsequenzen ein Zusammenhang erlebt wird.

3.61 Erlernte Hilflosigkeit hat Auswirkungen auf folgende psychische Funktionen:

- ❐ Motivation
- ❐ Selbstwert
- ❐ In-Outgroup-Bias
- ❐ Diagnosekompetenz

3.62 Erlernte Hilflosigkeit beinhaltet das Prinzip …

- ❐ … der operanten Konditionierung.
- ❐ … der sozial-kognitiven Lerntheorie.
- ❐ … des Lernens durch Einsicht.
- ❐ … der klassischen Konditionierung.

3.63 Im klassischen Experiment zur erlernten Hilflosigkeit verhielten sich die Hunde, welche Auftreten und Dauer des Stromschlages nicht selbst beeinflussen konnten, wie folgt:

- ☐ Sie unternahmen keine Fluchtversuche, da sie gelernt hatten, dass ihr Verhalten keinen Einfluss auf das Ergebnis hat.
- ☐ Sie machten in der Experimentalphase die Erfahrung, dass sie den Stromschlägen ausweichen konnten und nutzten diese Erfahrung.
- ☐ Sie erkannten nach einer Weile den Zusammenhang zwischen ihrem Verhalten und dem darauffolgenden Ereignis und konnten nach einem kurzen Lernprozess den Stromschlägen ausweichen.
- ☐ Sie ließen die Stromschläge über sich ergehen.

3.64 Die Experimente zur erlernten Hilflosigkeit gehen zurück auf …

- ☐ … Bandura.
- ☐ … Rotter.
- ☐ … Seligman.
- ☐ … Thorndike.

Neuropsychologische und biologische Grundlagen des Lernens

3.65 Folgende Aspekte des Nervensystems sind zum Verständnis von Prozessen der Informationsaufnahme und -verarbeitung von Bedeutung:

- ☐ zentrales Nervensystem
- ☐ peripheres Nervensystem
- ☐ sensorische Rezeptoren
- ☐ symptomatisches Nervensystem

3.66 Gehirn und Rückenmark bilden …

- [ ] … das zentrale Nervensystem.
- [ ] … die Steuerzentrale für einlaufende Reize von außen und innen.
- [ ] … das periphere Nervensystem.
- [ ] … die Steuerzentrale für die Informationsleistung sensorischer Rezeptoren zum Gehirn.

3.67 Für welche der folgenden Aufgaben ist das Rückenmark zuständig?

- [ ] Integration und Koordination aller körperlichen Funktionen
- [ ] Verarbeitung eingehender neuronaler Informationen
- [ ] Koordination der Aktivität von linker und rechter Körperseite
- [ ] Verantwortung für reflektorische Aktionen ohne Beteiligung des Gehirns

3.68 Welche Gedächtnissysteme werden unterschieden?

- [ ] Ultrakurzzeitgedächtnis
- [ ] Arbeitsspeicher
- [ ] Mittelzeitgedächtnis
- [ ] Langzeitgedächtnis

3.69 Ein Synonym für das sensorische Register ist das …

- [ ] … Ultrakurzzeitgedächtnis.
- [ ] … primäre Gedächtnis.
- [ ] … Mittelzeitgedächtnis.
- [ ] … Langzeitgedächtnis.

3.70 Im Kurzzeitgedächtnis können im Durchschnitt folgende Informationseinheiten gespeichert werden:

- ❒ 7 +/- 2
- ❒ 9 +/- 1
- ❒ 5+/-2
- ❒ 2 +/- 7

3.71 Im deklarativen Gedächtnis …

- ❒ … werden semantische Gedächtnisinhalte gespeichert.
- ❒ … wird Wissen über die eigene Person gespeichert.
- ❒ … wird Wissen über Handlungsabläufe gespeichert.
- ❒ … wird die Speicherung der Inhalte häufig durch die Synaptogenese gehemmt.

3.72 Chunking bedeutet, dass wir Informationen …

- ❒ … zu größeren Einheiten bündeln.
- ❒ … in Einzelteile zerlegen.
- ❒ … nach dem Lernen wieder vergessen.
- ❒ … ständig wiederholen.

3.73 Folgende Gedächtnissysteme werden im Langzeitgedächtnis unterschieden:

- ❒ episodisches Gedächtnis
- ❒ semantisches Gedächtnis
- ❒ prozedurales Gedächtnis
- ❒ sensorischer Speicher

3.74 Hinweise auf unterschiedliche Gedächtnisstrukturen konnten ermittelt werden durch …

- ❐ … neuropsychologische Patientenbefunde.
- ❐ … Untersuchungen zu seriellen Positionseffekten.
- ❐ … Untersuchungen zu transaktionalen Wirkprozessen.
- ❐ … Untersuchungen zum Einfluss frühkindlicher Erfahrungen.

3.75 Folgende bildgebende Verfahren werden zur Betrachtung neuronaler Aktivität herangezogen:

- ❐ fMRT
- ❐ MEG
- ❐ PET
- ❐ PAT

Anlage-Umwelt-Debatte

3.76 Die im Rahmen der Anlage-Umwelt-Debatte verfolgte Hauptforschungsfrage: „Auf welche Art und Weise wirken Anlage und Umwelt bei der Ausgestaltung eines Merkmals zusammen?“ kennzeichnet das …

- ❐ … multiplikative Modell.
- ❐ … additive Modell.
- ❐ … Summenmodell.
- ❐ … Durchschnittsmodell.

3.77 Im Kontext der Lernpsychologie interessieren vornehmlich die Befunde aus Zwillings- und Adoptionsstudien zur …

- ❐ … Intelligenzentwicklung.
- ❐ … körperlichen Entwicklung.
- ❐ … sozialen Entwicklung.
- ❐ … emotionalen Entwicklung.

3.78 Erbtheoretiker gehen von folgenden Annahmen aus:

- ❐ Sie betrachten vor allem genetische Faktoren als für das Verhalten verantwortlich.
- ❐ Geistige und charakteristische Eigenschaften sind primär erblich bedingt.
- ❐ Sowohl Milieu als auch Erbanlagen sind wechselseitig für die Entwicklung verantwortlich.
- ❐ Der Einfluss verschiedener Milieus wirkt sich auf die genetische Entwicklung aus.

3.79 Wichtige Vertreter in der Diskussion der Anlage-Umwelt-Debatte sind …

- ❐ … Iwan Pawlow.
- ❐ … Robert Plomin.
- ❐ … Sandra Scarr.
- ❐ … Hans Markowitsch.

3.80 Welche Befunde resultieren aus Zwillingsstudien zur Intelligenzentwicklung?

- ❑ Die Korrelationen zwischen den IQs von eineiigen Zwillingen sind höher als die Korrelationen zwischen den IQs von zweieiigen Zwillingen.
- ❑ Die Korrelationen zwischen den IQs von Geschwistern sind höher als die Korrelationen zwischen den IQs von eineiigen Zwillingen.
- ❑ Die Korrelationen zwischen den IQs von gemeinsam aufgewachsenen eineiigen Zwillingen sind wesentlich höher als die Korrelationen zwischen den IQs von getrennt aufgewachsenen eineiigen Zwillingen.
- ❑ Die Korrelationen zwischen den IQs von nicht verwandten, gemeinsam aufgewachsenen Kindern sind höher als die Korrelationen zwischen den IQs von getrennt aufgewachsenen Geschwistern.

3.81 Um Hinweise für anlage- bzw. umweltbedingte Faktoren zu erhalten, werden Studien hauptsächlich durchgeführt mit …

- ❑ … eineiigen Zwillingen.
- ❑ … zweieiigen Zwillingen.
- ❑ … Geschwistern.
- ❑ … Eltern.

3.82 Zum Genotyp gehören unter anderem individuelle(s) …

- ❑ … Erscheinungsbild.
- ❑ … genetische Ausstattung.
- ❑ … Persönlichkeitsmerkmale.
- ❑ … Verhaltensweisen.

3.83 Milieutheoretiker beschäftigen sich mit …

- ❒ … erbtheoretischen Faktoren.
- ❒ … dem Einfluss kultureller Rahmenbedingungen, familiärer oder schulischer Einflüsse auf die Entwicklung.
- ❒ … den Auswirkungen verschiedener Milieus auf die physische Entwicklung.
- ❒ … den Auswirkungen verschiedener Milieus auf die psychische Entwicklung.

3.84 Zum Phänotyp gehören unter anderem individuelle(s) …

- ❒ … Erscheinungsbild.
- ❒ … genetische Ausstattung.
- ❒ … Erbkrankheiten.
- ❒ … Verhaltensweisen.

3.85 Welche Aussagen zu bildgebenden Verfahren in der Hirnforschung sind korrekt?

- ❒ Forscher können mithilfe bildgebender Verfahren Aussagen über Strukturen und Funktionen des Gehirns machen.
- ❒ Mittels bildgebender Verfahren wurden inzwischen die spezifischen Auswirkungen von Anlage- und Umweltfaktoren auf die Hirnreifung identifiziert.
- ❒ Dass der Hippocampus eine zentrale Rolle für Prozesse der Informationsverarbeitung spielt, konnte mithilfe der MRT-Technik gezeigt werden.
- ❒ In bildgebenden Verfahren wurde die Amygdala als bedeutsame Hirnregion für die Emotionsempfindung identifiziert.

3.6 Literatur

Anastasi, A. (1984). Reciprocal relations between cognitive and affective development - With implications for sex differences. In T.B. Sonderegger & R.A. Dienstbier (Eds.), Nebraska Symposium on Motivation: Psychology and gender (S. 3-35). Lincoln: University of Nebraska Press.

Aronson, E., Wilson, T. & Akert, R.M. (2008). Sozialpsychologie (6. Aufl.). München: Pearson Studium.

Asendorpf, J.B. (2008). Evolutionspsychologie und Genetik der Entwicklung. In R. Oerter & L. Montada (Hrsg.), Entwicklungspsychologie (6., Aufl., S. 49-66). Weinheim: Beltz.

Asendorpf, J.B. (2007). Psychologie der Persönlichkeit (4. Aufl.). Heidelberg: Springer.

Atkinson, R.C., & Shiffrin, R.M. (1968). Human memory: A proposed system and its control processes. The psychology of learning and motivation, 2, 89-195.

Baddeley, A.D. (1986) So denkt der Mensch: unser Gedächtnis und wie es funktioniert. München: Droemer Knaur.

Bandura, A. (1992). Social cognitive theory and social referencing. In S. Feinman (Ed.), Social referencing and the social construction of reality in infancy (S. 175-208). New York: Plenum Press.

Bandura, A. (1989). Social cognitive theory. In R. Vasta (Ed.), Annals of child development, Vol. 6 (1-60). Greenwich, CT: JAI Press.

Bandura, A. (1979). Sozial-kognitive Lerntheorie. Stuttgart: Klett-Cotta.

Bandura, A., Ross, D., & Ross, S.A. (1961). Transmission of aggression through imitation of aggressive models. Journal of Abnormal and Social Psychology, 63, 575-582.

Bannert, M., & Schnotz, W. (2006). Vorstellungsbilder und Imagery-Strategien. In H. Mandl & H.F. Friedrich (Hrsg.), Handbuch Lernstrategien (S. 72-88). Göttingen: Hogrefe.

Bargh, J.A., & Chartrand, T.L. (1999). The unbearable automaticity of being. American Psychologist, 54, 462-479.

Baumgart, F. (2007). Entwicklungs- und Lerntheorien: Erläuterungen, Texte, Arbeitsaufgaben. Bad Heilbrunn: Klinkhardt.

Bijou, S.W. & Sturges, P.S. (1959). Positive reinforcers for experimental studies with children - consumables and manipulatables. Child Development, 30, 151-170.

Birbaumer, N. & Schmidt, R.F. (2006). Biologische Psychologie (6. Aufl.). Heidelberg: Springer.

Bodenmann, G., Perrez, M., Schär, M. & Trepp, A. (2011). Klassische Lerntheorien. Grundlagen und Anwendungen in Erziehung und Psychotherapie (2. Aufl.). Bern: Huber.

Bodenmann, G., Perrez, M., Schär, M. & Trepp, A. (2004). Klassische Lerntheorien. Grundlagen und Anwendungen in Erziehung und Psychotherapie. Bern: Huber.

Bouchard, C. (Ed.). (1994). The Genetics of obesity. Boca Raton: CRC Press.

Bracken, H. v. & David, H.P. (Hrsg.). (1959). Perspektiven der Persönlichkeitstheorie. Bern: Huber.

Bredenkamp, J. & Wippich, W. (1989). Lern- und Gedächtnispsychologie. Band 1. Stuttgart: Kohlhammer.

Büchel, C., Josephs, O., Rees, G., Turner, R., Frith, C.D. & Friston, K.J. (1998). The func-tional anatomy of attention to visual motion: A functional MRI study. Brain, 121(7), 1281-1294.

Buchner, A. (2006). Funktionen und Modelle des Gedächtnisses. In H.-O. Karnath & P. Thier (Hrsg.), Neuropsychologie (S. 437-447). Heidelberg: Springer.

Clark, E.V. (1973). What's in a word? On the child's acquisition of semantics in his first language. In T.E. Moore (Ed.), Cognitive development and the acquisition of language (S. 65-110). New York: Academic Press.

Edelmann, W. (1994). Lernpsychologie. Eine Einführung. Weinheim: Beltz.

Fend, H. (2005). Entwicklungspsychologie des Jugendalters (3. Aufl.). Wiesbaden: VS.

Fuhrer, U. (2005). Wechselspiel von Anlage und Umwelt. In U. Fuhrer (Hrsg.), Erziehungspsychologie (S. 66-76). Bern: Huber.

Gage, N.L. & Berliner, D.C. (1996). Pädagogische Psychologie (5. Aufl.). Weinheim: Beltz.

Galli, G., Galli, A.A. & Armezzani, M. (2010). Gestaltpsychologie und Person. Entwicklungen der Gestaltpsychologie. Wien: Krammer.

Gerrig, R.J. & Zimbardo, P.G. (2008). Psychologie (18. Aufl.). München: Pearson Studium.

Göhlich, M. & Zirfas, J. (2007). Lernen: Ein pädagogischer Grundbegriff. Stuttgart: Kohlhammer.

Goldenberg, G. (2002). Neuropsychologie. Grundlagen, Klinik, Rehabilitation (3. Aufl.). München: Urban & Fischer.

Gottlieb, G. (1998). Normally occurring environmental and behavioral influences on gene activity: From central dogma to probabilistic epigenesis. Psychological Review, 105(4), 792-802.

Gottlieb, G. (1991). Experiential canalization of behavioral development: Theory. Developmental Psychology, 27(1), 4-13.

Haaland, K.Y., Harrington, D.L. & Knight, R.T. (2000). Neural representations of skilled movement. Brain, 123, 2306-2313.

Habib R., Nyberg L. & Tulving E. (2003). Hemispheric asymmetries of memory: the HERA model revisited. Trends in Cognitive Sciences, 7(6), 241-245.

Joseph, J. (2001). Separated Twins and the Genetics of Personality Differences: A Critique. The American Journal of Psychology, 114(1), 1-30.

Kandel, E.R., Schwartz, J.H. & Jessell, T. (2000). Principles of neural science (4th ed.). New York: McGraw-Hill.

Kandel, E.R., Schwartz, J.H. & Jessell, T. (Hrsg.). (1996). Neurowissenschaften: eine Einführung. Heidelberg: Spektrum.

Kanfer, F.H. & Saslow, G. (1976). Verhaltenstheoretische Diagnostik. In D. Schulte (Hrsg.), Diagnostik in der Verhaltenstherapie (S. 24-59). München: Urban & Schwarzen-berg.

Koffka, K. & Stadler, M. (2008). Zu den Grundlagen der Gestaltpsychologie: ein Auswahlband. Wien: Krammer.

Köhler, W. (1971). Die Aufgabe der Gestaltpsychologie. Berlin: de Gruyter.

Köhler, W. (1963). Intelligenzprüfung an Menschenaffen. Berlin/Heidelberg: Springer.

Köhler, W. (1929). Gestalt psychology. New York: Liveright.

Lefrançois, G.R. (2006). Psychologie des Lernens (4. Aufl.). Heidelberg: Springer.

Lohaus, A., Vierhaus, M. & Maass, A. (2010). Entwicklungspsychologie des Kindes- und Jugendalters. Berlin/Heidelberg: Springer.

Markowitsch, H.J. (2005). Neurobiologie: Lernen und Vergessen. Berlin: Anti-Aging / GSAAM.

Mietzel, G. (2007). Pädagogische Psychologie des Lernens und Lehrens. Göttingen: Hogrefe.

Montada, L. (2002). Die geistige Entwicklung aus der Sicht Jean Piagets. In R. Oerter & L. Montada (Hrsg.), Entwicklungspsychologie (5. Aufl., S. 418-442). Weinheim: Beltz.

Myers, D.G. (2008). Psychologie (2. Aufl.). Heidelberg: Springer.

Neyer, F.-J. & Spinath, F.M. (2008). Anlage und Umwelt: Neue Perspektiven der Verhaltensgenetik und Evolutionspsychologie. Der Mensch als soziales und personales Wesen (Bd. 22). Stuttgart: Lucius & Lucius.

Oerter, R. & Montada, L. (2008). Entwicklungspsychologie (6. Aufl.). Weinheim: Beltz PVU.

Oerter, R. & Montada, L. (Hrsg.). (2002). Entwicklungspsychologie (5. Aufl.). Weinheim: Beltz PVU.

Pawlow, I.P. (1928). Lectures on conditioned reflexes: Twenty-five years of objective study of the higher nervous activity (behavior) of animals. New York: International Publishers.

Pawlow, I.P. (1927). Conditioned reflexes: an investigation of the physiological activity of the cerebral cortex. London: Oxford University Press.

Petermann F., Niebank, K. & Scheithauer, H. (2004). Entwicklungswissenschaft. Entwicklungspsychologie, Genetik, Neurophysiologie. Berlin/Heidelberg: Springer.

Plomin, R., DeFries J.C. & Loehlin, J.C. (1977). Genotype-environment interaction and correlation in the analysis of human behavior. Psychological Bulletin, 84(2), 309-322.

Plomin, R., DeFries, J.C., McClearn, G.E., Rutter, M., & Borkenau, P. (1999). Gene, Umwelt und Verhalten: Einführung in die Verhaltensgenetik. Bern: Huber.

Rosch, E. & Lloyd, B.B. (1978). Cognition and categorization. Hillsdale NJ: Erlbaum.

Rosemann, B. & Bielski, S. (2001). Einführung in die Pädagogische Psychologie. Weinheim: Beltz.

Rost, D.H. (2010). Verhaltensanalyse. In D.H. Rost (Hrsg.), Handwörterbuch Pädagogische Psychologie (S. 909-919). Weinheim: Beltz PVU.

Roudinesco, E., Plon, M. & Eissing-Christophersen, C. (2004). Wörterbuch der Psychoanalyse: Namen, Länder, Werke, Begriffe. Wien: Springer.

Rowe, D.C. (1997). Genetik und Sozialisation: die Grenzen der Erziehung. Weinheim: Beltz.

Scarr, S. & McCartney, L. (1983). How people make their own environments: A theory on genotype environment effects. Child Development, 54(2), 424-435.

Schermer, F.J. (2005). Verhaltensdiagnostik. In F.J. Schermer, A. Weber, A. Drinkmann & G. Jungnitsch (Hrsg.), Methoden der Verhaltensänderung: Basisstrategien (S. 11-49). Stuttgart: Kohlhammer.

Scheunpflug, A. (2001). Biologische Grundlagen des Lernens. Berlin: Cornelsen.
Schröder, H. (2002). Lernen - Lehren - Unterricht: lernpsychologische und didaktische Grundlagen. München: Oldenbourg.
Schulte, K.M. (2005). Lernen durch Einsicht: Erweiterung des gestaltpsychologischen Lernbegriffs. Wiesbaden: VS.
Seel, N.M. (2000). Psychologie des Lernens. Lehrbuch für Pädagogen und Psychologen. München: Reinhardt.
Seligman, M.E.P. (1975). Helplessness: on depression, development, and death. San Francisco: Freeman.
Seligman, M.E.P. & Hiroto, D.S. (1975). Generality of learned helplessness in man. Journal of Personality and Social Psychology, 31(2), 311-327.
Seligman, M.E.P. & Petermann, F. (2011): Erlernte Hilflosigkeit. Weinheim: Beltz.
Skinner, B.F. (2002). Walden two - die Vision einer besseren Gesellschaftsform. München: FiFa-Verlag.
Skinner, B.F. (1978). The experimental analysis of behavior (a history). In B.F. Skinner (Ed.), Reflections on behaviorism and society (S.113-126). Englewood Cliffs, NJ: Pren-tice Hall.
Skinner, B.F. (1973). Wissenschaft und menschliches Verhalten (Studienausg.). München: Kindler.
Skinner, B.F. (1938). The behavior of organisms. New York: Appleton-Century-Crofts.
Solso, R.L. (2005): Kognitive Psychologie. Heidelberg: Springer.
Spada, H. (2006). Lehrbuch allgemeine Psychologie. Bern: Huber.
Squire, L.R., Stark, C.E.L. & Clark R.E. (2004): The medial temporal lobe. Annual Review of Neuroscience, 27, 279-306.
Steiner, G. (2006). Wiederholungsstrategien. In H. Mandl & H.F. Friedrich (Hrsg.), Handbuch Lernstrategien (S. 101-113). Göttingen: Hogrefe.
Stoolmiller, M. (1999). Implications of the restricted range of family environments for estimates of heritability and nonshared environment in behavior-genetic adoption studies. Psychological Bulletin, 125(4), 392-409.
Susman, E.J., Finkelstein, J.W., Chinchilli, V.M., Schwab, J., Liben, L.S., D'Arcangelo, M.R., Meinke, J., Demers, L.M., Lookingbill, G. & Kulin, H.E. (1998). The effect of sex hormone replacement therapy on behavior problems and moods in adolescents with delayed puberty. Journal of Pediatrics, 133(4), 521-525.

Thorndike, E.L. (1932). Reward and punishment in animal learning. Comparative Psychology Monographs, 8(4), 65.
Trautner, H.M. (1995). Allgemeine Entwicklungspsychologie. Stuttgart: Kohlhammer.
Watson, J.B. (1968). Behaviorismus: ergänzt durch den Aufsatz Psychologie, wie sie der Behaviorist sieht. Köln: Kiepenheuer & Witsch.
Watson, J. B. (1930). Behaviorism (rev. ed.). New York: Norton.
Watson, J.B. & Graumann, C.F. (2000). Behaviorismus (5. Aufl.). Eschborn: Klotz.
Wertheimer, M. & Walter, H.-J. (1991). Zur Gestaltpsychologie menschlicher Werte. Opladen: Westdeutscher Verlag.
Wink, M. & Bartram, C. (2001). Vererbung und Milieu. Berlin: Springer.
Winkel, S., Petermann, F. & Petermann, U. (2006). Lernpsychologie. Paderborn: Schöningh.
Woollett, K. & Maguire, E.A. (2011). Acquiring „the Knowledge" of London's Layout Drives Structural Brain Changes. Current Biology, 21(24), 2109-2114.
Zeineh M.M., Engel S.A., Thompson P.M. & Bookheimer S.Y. (2003). Dynamics of the hippocampus during encoding and retrieval of face-name pairs. Science, 299, 577-580.

ANHANG

1. Abbildungsnachweis

1. S. 165, „Prinzip der Ähnlichkeit“: www.eco.psy.ruhr-uni-bochum.de/download/Guski-Lehrbuch/Kap_6_1.html [15.07.13]
2. S. 165, „Prinzip der Geschlossenheit“: www.e-teaching.org/didaktik/gestaltung/visualisierung/gestaltgesetze/ [15.07.13]
3. S. 165, „Prinzip der Kontinuität“: www.herzrhythmus.ch [15.07.13]
4. S. 165, „Prinzip der Nähe“: www.e-teaching.org/didaktik/gestaltung/visualisierung/gestaltgesetze/ [15.07.13]

2. Lösungen zu den Multiple-Choice Aufgaben

1 Psychologie als Wissenschaft			
1.1	1, 3	1.2	humanistisches; kognitives; psychodynamisches; biologisches/neuro-reduktionistisches; behavioristisches Paradigma
1.3	Validität; Reliabilität; Objektivität	1.4	3, 1, 2
1.5	1, 3		

2 Entwicklungspsychologie			
2.1	1, 2, 4	2.2	2, 3
2.3	1,3	2.4	2, 4
2.5	1	2.6	1
2.7	1, 2, 3	2.8	1, 2
2.9	2	2.10	4
2.11	3, 1, 2	2.12	oral: 1. Lebensjahr (LJ); anal: 2./3. LJ; phallisch: 3./6. LJ; Latenz: 6./12. LJ; genital: ab ca. 13/Pubertät
2.13	1	2.14	2
2.15	1	2.16	1, 3
2.17	3	2.18	2
2.19	2, 3	2.20	3
2.21	1, 4	2.22	2, 3
2.23	2, 4	2.24	2, 3
2.25	3	2.26	3
2.27	1, 2, 4	2.28	1
2.29	2	2.30	2, 3
2.31	3	2.32	3
2.33	1, 3	2.34	1
2.35	3	2.36	2

2.37	2	2.38	2, 4
2.39	2	2.40	1
2.41	sensumotorisch, ca. 0-2; präoperational, ca. 2-7; konkret-operational, ca. 7-12; formal-operational, ab ca.13	2.42	4
2.43	4	2.44	3
2.45	1, 2	2.46	1
2.47	2	2.48	1, 4
2.49	2, 3, 4	2.50	präkonventionell; konventionell; postkonventionell
2.51	1, 4	2.52	2
2.53	1, 2, 3, 4	2.54	1, 3, 4
2.55	1, 2, 3	2.56	3, 4
2.57	3	2.58	3, 4
2.59	2	2.60	1
2.61	1, 3	2.62	4
2.63	2	2.64	1
2.65	2, 4	2.66	2
2.67	2	2.68	1
2.69	1	2.70	1, 2, 4
2.71	1, 3, 4	2.72	1, 2, 3
2.73	2	2.74	1, 2, 3, 4

2.75	2, 4	2.76	1, 3
2.77	2, 3	2.78	1, 3, 4
2.79	2	2.80	1, 2
2.81	1, 2		

3 Lernen			
3.1	1, 3	3.2	1, 3, 4
3.3	1	3.4	1, 4
3.5	1	3.6	4
3.7	1, 3, 4	3.8	2, 4
3.9	2	3.10	4
3.11	1	3.12	2
3.13	2, 3	3.14	2
3.15	1, 4	3.16	1, 2, 4
3.17	4	3.18	2
3.19	2	3.20	1
3.21	2	3.22	2
3.23	1, 2	3.24	1, 2, 3
3.25	1	3.26	2
3.27	1, 2	3.28	3
3.29	2, 4	3.30	4

3.31	1, 4	3.32	1
3.33	1, 2, 4	3.34	2, 3
3.35	2, 4	3.36	1, 3
3.37	4	3.38	1
3.39	Aufmerksamkeitsprozesse; Gedächtnisprozesse; motorische Reproduktionsprozesse; Verstärkungsprozesse und Motivationsprozesse	3.40	3
3.41	1, 4	3.42	2, 3
3.43	2	3.44	1
3.45	3	3.46	2, 3
3.47	3, 4	3.48	1, 4
3.49	1, 2	3.50	4
3.51	1, 4	3.52	2, 3
3.53	1, 4	3.54	1
3.55	4	3.56	1
3.57	3	3.58	2
3.59	1, 2, 3	3.60	3
3.61	2	3.62	2, 3
3.63	1, 4	3.64	3
3.65	1, 2, 3	3.66	1

3.67	4	3.68	1, 2, 4
3.69	1	3.70	1
3.71	1, 2	3.72	2
3.73	1	3.74	1
3.75	1, 2, 3	3.76	1
3.77	1	3.78	1, 2
3.79	2, 4	3.80	1
3.81	1, 2, 3	3.82	2
3.83	2, 4	3.84	1, 4
3.85	1, 4		

DIE AUTOREN

Univ.-Prof. Dr. Martin K.W. Schweer ist Inhaber des Lehrstuhls für Pädagogische Psychologie an der Universität Vechta und Leiter des dortigen Zentrums für Vertrauensforschung (ZfV). Mit dem Vertrauensphänomen beschäftigt er sich in seiner wissenschaftlichen Arbeit bereits seit vielen Jahren und zählt im deutschsprachigen Bereich zu den führenden sozialwissenschaftlichen Vertrauensforschern. Darüber hinaus gilt sein Interesse Fragen der Personal- und Organisationsentwicklung in pädagogischen Kontexten, aber auch in Institutionen der Wirtschaft und Verwaltung. Von ihm liegen über 250 fachwissenschaftliche Publikationen vor, in vielfältiger Weise ist er als Gutachter und Berater tätig.
Weitere Informationen über: www.uni-vechta.de, www.schweer-info.de

Dr. Jörg Schulte-Pelkum ist wissenschaftlicher Mitarbeiter und Lehrkraft für besondere Aufgaben am Lehrstuhl für Pädagogische Psychologie an der Universität Vechta. Seine Forschungsschwerpunkte liegen u.a. in den Wirkungen von Vertrauen im umweltpsychologischen Feld sowie Vertrauen im interkulturellen Kontext.
Weitere Informationen über: www.uni-vechta.de

DIE AUTOREN

[illegible]

[illegible]